SCRATCH

스크래치 3.0
Lesson ④

영재스쿨(4)스크래치3.0 자료 다운로드 방법 ·················▶

다음 페이지

렉스미디어 자료 다운로드 방법

1 렉스미디어 홈페이지(http://www.rexmedia.net)에 접속한 후 **[자료실]-[대용량 자료실]**을 클릭합니다.

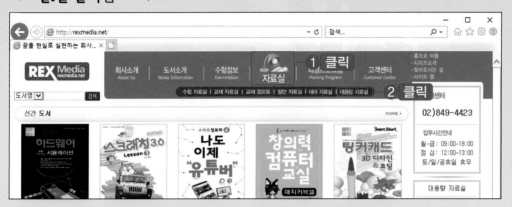

2 렉스미디어 자료실 페이지가 표시되면 **[영재스쿨]** 폴더를 클릭합니다.

3 영재스쿨 관련 페이지가 표시되면 **[영재스쿨(4)스크래치3.0.exe]** 파일을 클릭합니다.

4 파일 다운로드에 관한 대화상자가 아래쪽에 표시되면 다운로드한 후 **[실행]** 단추를 클릭합니다.

rexmedia.net의 영재스쿨(4)스크래치3.0.exe(205MB)을(를) 실행하거나 저장하시겠습니까? ❶ 클릭

🛈 이 형식의 파일은 사용자의 컴퓨터에 피해를 줄 수 있습니다.   실행(R)   저장(S) ▾   취소(C)

5 설치가 모두 완료되면 [영재스쿨(4)스크래치3.0] 폴더가 생성되며, 장별로 예제 및 완성 파일 등을 제공합니다.

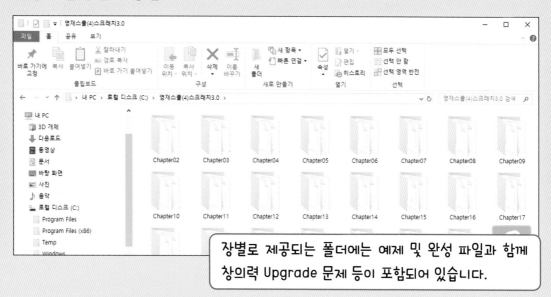

> 장별로 제공되는 폴더에는 예제 및 완성 파일과 함께 창의력 Upgrade 문제 등이 포함되어 있습니다.

Tip

프로그램 설치가 안될 경우 주의사항

"영재스쿨(4)스크래치3.0.exe의 게시자를 확인할 수 없습니다. 프로그램을 실행하시겠습니까" 메시지가 표시되면 [실행] 단추를 클릭한 후 [Windows의 PC 보호] 대화상자에서 [추가 정보]를 클릭한 다음 [실행] 단추를 클릭하면 설치가 정상적으로 이루어집니다.

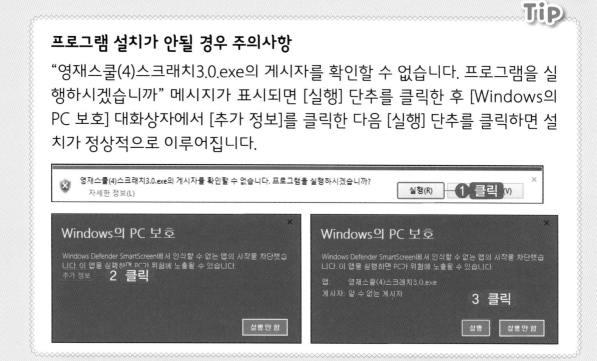

스크래치 오프라인 다운로드 및 설치하기 Coding

스크래치 프로그램은 스크래치 사이트에서 직접 실행하거나 오프라인 프로그램을
다운로드 받아 컴퓨터에 설치하여 실행할 수 있는 2가지 방법이 있습니다.

스크래치 오프라인 다운로드하기

1 크롬을 실행한 후 스크래치 사이트(https://scratch.mit.edu)에서 아래로 이동한
다음 메뉴 목록에서 **[오프라인 에디터]**를 클릭합니다.

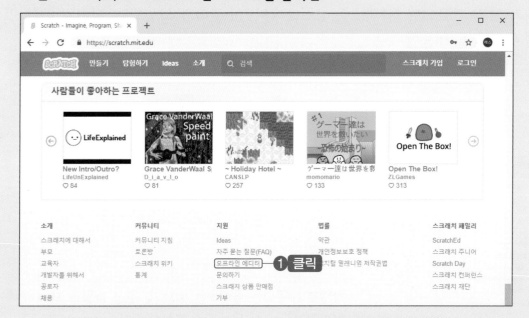

2 스크래치 3.0 오프라인 에디터 다운로드 화면이 표시되면 컴퓨터 운영체제에 따른
[다운로드]를 클릭한 후 화면 아래쪽에 표시된 **[실행]** 단추를 클릭합니다.

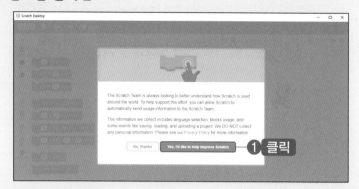

스크래치 설치하기

1 [Scratch Desktop 설치] 대화상자가 나타나며 자동으로 프로그램이 설치됩니다. 그런다음 설치가 완료되면 **[예] 단추를** 클릭합니다.

2 설치 과정이 완료되면 다음과 같이 스크래치가 실행됩니다.

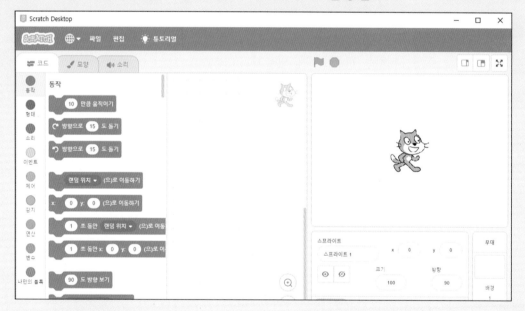

Tip

온라인을 이용한 스크래치 실행하기

온라인에서 스크래치 프로그램을 실행할 경우 스크래치 홈페이지(https://scratch.mit.edu)에서 [만들기]를 클릭합니다.

※ 스크래치 3.0은 Internet Explorer, Vivaldi, Opera, Silk 브라우저는 지원하지 않습니다.

Google Chrome, Mozilla Firefox, Microsoft Edge 브라우저를 사용해야 합니다.

이 책의 차례

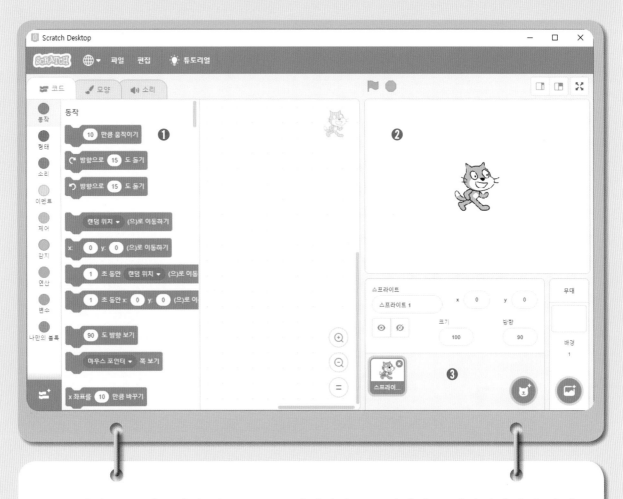

스크래치는 크게 3개의 부분으로 구성됩니다. 그 첫번째로 멀티미디어의 창의력과 상상력을 불어 넣을 줄 수 있는 다양한 블록 목록이 묶음으로 표시되는 팔레트 영역 및 블록을 쌓아 본인이 생각한 아이디어를 표현해 줄 수 있는 작업 영역, 두 번째로 만든 코드를 확인하는 실행 창, 마지막으로 캐릭터, 소품과 배경 등의 멀티미디어 목록을 표시하는 스프라이트 및 무대 영역 등으로 구분합니다.

❶ **작업 영역** : 코드, 모양, 소리 탭이 있으며 다양한 기능의 블록을 쌓아 프로그램을 코딩을 할 수 있고 여러 모양을 이용하여 생동감 있게 이미지가 변경되도록 만들 수 있습니다.

❷ **실행 창** : 무대 및 스프라이트에 부여한 코드 명령을 실하여 화면에 표시합니다.

❸ **스프라이트 및 무대** : 무대를 채울 수 있는 배경 그림과 무대에 등장하는 캐릭터 및 소품 등의 이미지를 나타내는 스프라이트를 표시합니다.

스크래치 프로그램의 화면 구성 Coding

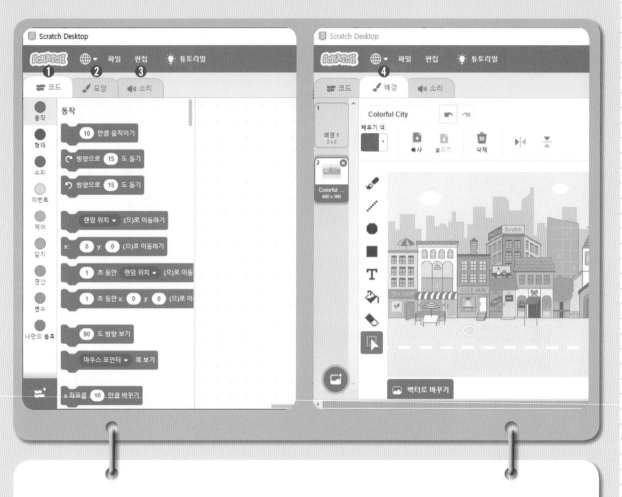

❶ **코드** : 창의력과 상상력을 자유롭게 표현할 수 있도록 다양한 기능의 블록을 묶음 단위로 표시하며, 해당 블록 모음에서 필요한 기능의 블록을 쌓아 놓을 수 있는 스크립트 작업 영역으로 구성됩니다.

❷ **모양** : 스프라이트를 선택할 때 표시되는 탭으로 선택한 스프라이트에 움직이는 동작과 같은 연속된 형태를 만들기 위해 해당 이미지와 연관된 이미지를 스크래치에서 제공하는 저장소 및 컴퓨터에 저장된 그림, 웹캠을 이용하여 직접 찍은 사진 등으로 추가하거나 선택한 스프라이트 이미지를 편집할 수 있습니다.

❸ **소리** : 선택한 스프라이트에 소리를 적용시킬 수 있으며, 스크래치에서 제공하는 저장소 및 컴퓨터에 저장된 소리 등으로 추가하거나 새로운 소리를 직접 녹음하여 추가할 수 있습니다.

❹ **배경** : 무대를 선택할 때 표시되는 탭으로 배경 목록을 표시하며, 스크래치에서 제공하는 저장소 및 컴퓨터에 저장된 그림, 웹캠을 이용하여 직접 찍은 사진 등으로 배경을 추가하거나 새롭게 직접 그려 추가할 수 있습니다.

❶ **시작하기** : 프로그램을 시작합니다.

❷ **멈추기** : 실행 중인 프로그램을 멈춥니다.

❸ **레이아웃** : 실행 창과 코드 영역의 레이아웃 모양을 변경합니다.

❹ **화면 확대/축소** : 실행 창을 전체 화면으로 확대할 수 있으며, 확대된 상태에서 ⚒[축소]를 클릭하면 이전 크기로 복귀합니다.

❺ **실행 창** : 스프라이트에 부여한 코드 명령을 실행하여 화면으로 표시합니다.

❶ **스프라이트 정보** : 스프라이트 정보가 표시되는 공간으로 이름, 위치(x, y), 보이기, 크기, 방향 등을 지정할 수 있습니다.

❷ **스프라이트** : 캐릭터와 소품들이 표시되는 공간으로 원하는 스프라이트를 클릭하여 코드 및 모양, 소리 등을 지정할 수 있습니다.

❸ **스프라이트 및 배경 고르기** : 스프라이트 및 배경 등의 새로운 스프라이트 및 배경을 스크래치가 제공하는 저장소 또는 컴퓨터 파일을 업로드하여 추가할 수 있습니다.

❹ **무대** : 프로그램의 배경이 되는 그림을 표시하며, 팔레트 영역에서 무대의 코드, 모양, 소리 등을 지정할 수 있습니다.

01

SCRATCH 3.0

해바라기를 찾아 미로 여행하기

오늘의 놀이
● code.org에서 컴퓨터 기초 과정을 배워봅니다.
● 단계별 프로젝트를 진행하면서 코딩의 원리를 배워봅니다.

 미리보기

 핵심포인트

[10단계] 핵심 블록 알아보기

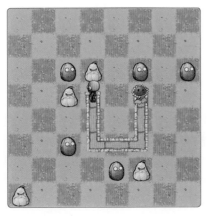

❶ 꽃에 도착할 때까지 반복하여 아래의 기능을 실행합니다.
- 왼쪽으로 회전합니다.
- 앞으로 이동합니다.
- 앞으로 이동합니다.

단계별 미로 여행하기

1 인터넷을 실행하고 'http://code.org'를 **입력**하여 연결한 후 [학생들]을 **클릭**합니다.

2 컴퓨터 과학 기초 화면이 표시되면 [과정3]을 **클릭**합니다.

3 [과정3] 화면이 표시되면 2.미로 항목의 **1단계**를 **클릭**합니다.

4 '여보세요.. 저.. 좀비.. 해바라기.. 가야함..' 메시지가 표시되면 **[확인] 단추를 클릭**합니다.

5 실행 화면의 좀비가 해바라기까지 가도록 [블릭] 꾸러미의 블록을 이용하여 작업 영역에 **블록을 작성**한 후 **[실행] 단추를 클릭**, 좀비가 해바라기까지 이동하는지 확인합니다.

 **단계별 코딩 실행하기**

실행 화면 아래쪽에 표시된 [단계] 단추를 클릭하면 작업 영역에서 코딩한 내용을 단계별로 실행 화면으로 표시합니다.

6 축하 메시지와 함께 퍼즐이 모두 완성되면 **[계속하기] 단추를 클릭**하여 다음 단계를 진행합니다.

7 같은 방법으로 [단계 2:미로] 항목의 모든 과정을 코딩하여 블록 코딩을 배워봅니다.

 JavaScript의 코드 보기

화면의 오른쪽에 표시된 [</> 코드 보기] 단추를 클릭하면 JavaScript를 이용한 프로그램 코딩 내용으로 바꾸어 표시하며, JavaScript 프로그램을 이용한 명령어 코딩 방법을 배울 수 있습니다.

[과정3 ▶ 단계3:화가 ▶ 1단계]

1 선의 길이가 300픽셀이라고 할 때 8개의 블록을 이용하여 다음과 같이 상자를 그릴 수 있습니다. 그렇다면 반복하기 블록을 이용하여 코딩을 간단하게 4개의 블록을 사용한 코딩으로 바꿀 때 필요한 2개의 블록은 무엇일까요?

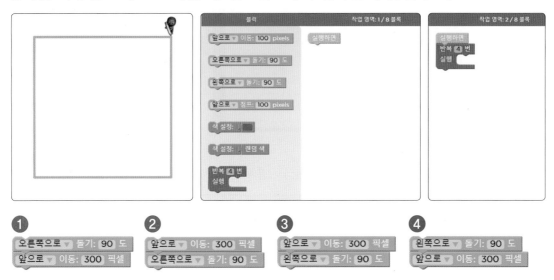

①
오른쪽으로 ▼ 돌기: 90 도
앞으로 ▼ 이동: 300 픽셀

②
앞으로 ▼ 이동: 300 픽셀
오른쪽으로 ▼ 돌기: 90 도

③
앞으로 ▼ 이동: 300 픽셀
왼쪽으로 ▼ 돌기: 90 도

④
왼쪽으로 ▼ 돌기: 90 도
앞으로 ▼ 이동: 300 픽셀

[과정3 ▶ 단계3:화가 ▶ 4단계]

2 실행 화면과 같이 임의의 색을 이용하여 그림을 그릴 때 작업 영역에서 코딩한 블록을 반복하기 블록을 이용하여 묶어서 여러 번 반복해야 모든 막대에 그림을 그릴 수 있습니다. 어떤 블록을 이용하여 묶어야 할까요?

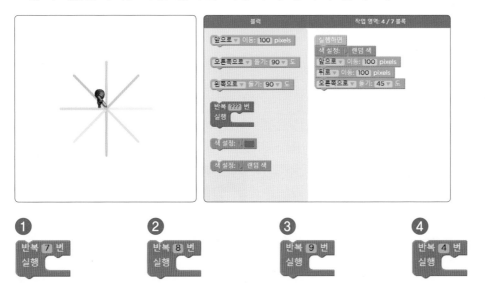

①
반복 7 번 실행

②
반복 8 번 실행

③
반복 9 번 실행

④
반복 4 번 실행

[과정3 ▶ 단계3:화가 ▶ 6단계]

3 실행 화면에 표시된 3개의 회색 막대에 임의의 색을 이용하여 그림을 그릴 때 작업 영역에서 노란색으로 표시된 블록의 설정으로 옳은 것은 무엇일까요?

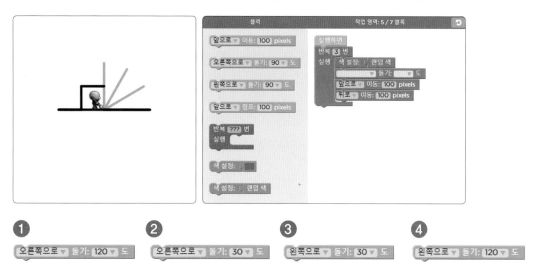

① 오른쪽으로 ▼ 돌기: 120 ▼ 도   ② 오른쪽으로 ▼ 돌기: 30 ▼ 도   ③ 왼쪽으로 ▼ 돌기: 30 ▼ 도   ④ 왼쪽으로 ▼ 돌기: 120 ▼ 도

[과정3 ▶ 단계3:화가 ▶ 9단계]

4 둘레가 800 픽셀인 축구장에 가장 긴 세로의 길이가 240 픽셀일 때 가로 길이를 구하여 경계선과 중앙선을 그렸습니다. 작업 영역의 빈 곳에 들어갈 값을 채워 보세요.

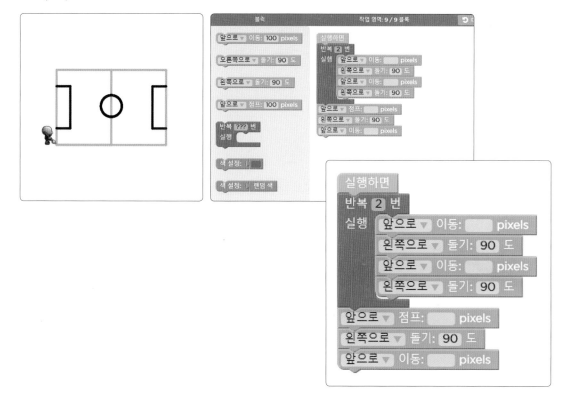

줄다리기 게임 만들기

오늘의 놀이
- 스크래치 파일을 불러오는 방법을 배워봅니다.
- 스프라이트 추가 및 변경 방법을 배워봅니다.
- 블록을 연결하고 실행하는 방법을 배워봅니다.

놀이 규칙

- 한돈 선수 : 키보드의 왼쪽 화살표(←)키를 눌러 줄을 왼쪽으로 잡아당긴다.
- 한우 선수 : 키보드의 오른쪽 화살표(→)키를 눌러 줄을 오른쪽으로 잡아당긴다.
- 한돈 선수가 왼쪽 벽에 닿거나 한우 선수가 오른쪽 벽에 닿았을 때 승패를 가린다.

코딩 탐구

방향키를 이용한 바운스 조작하기

1. http://code.org의 [학생들]을 클릭합니다.
2. [과정3]을 클릭한 후 [7.꿀벌:조건 선택]의 1단계를 클릭합니다.
3. 화면 위쪽 설명을 이해한 후 블록을 이용, 작업 영역에 코딩을 연결하여 실행해 봅니다.
4. 1단계부터 5단계까지 단계별로 과정을 진행합니다.

[5단계] 핵심 블록 알아보기

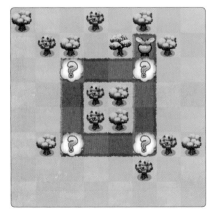

❶ 만약 꽃이면 꽃꿀을 얻고 그렇지 않으면 꿀을 만듭니다.

❷ 3번 반복하여 앞으로 이동합니다.

1 스크래치 프로그램을 실행한 후 **[파일]-[컴퓨터에서 가져오기]** 메뉴를 클릭합니다.

2 **[열기]** 대화상자가 표시되면 [영재스쿨(4)스크래치3.0₩Chapter02] 폴더의 **'줄다리기'** **파일을 선택**한 후 **[열기]** 단추를 클릭합니다.

3 '줄다리기.sb3' 파일이 열리면 스프라이트를 추가하기 위해 🐱**[스프라이트 고르기]**를 클릭합니다.

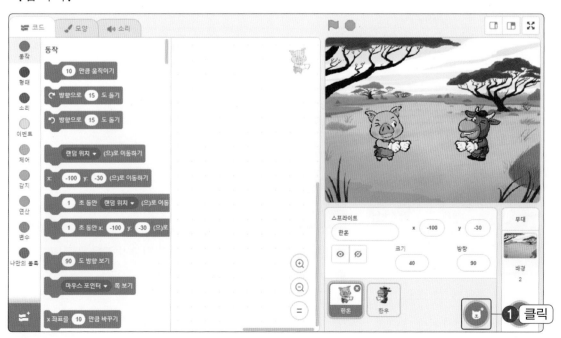

4 [스프라이트 고르기] 대화상자가 표시되면 원하는 **스프라이트(Line)를 선택**합니다.

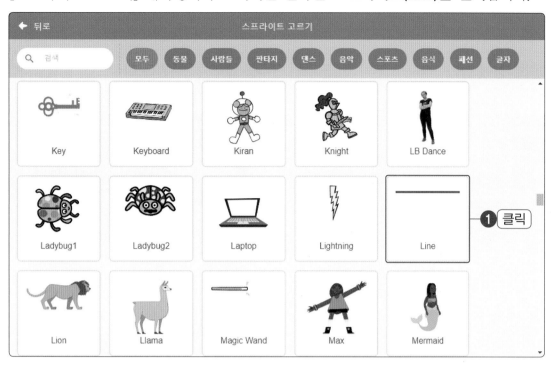

5 스프라이트가 추가되면 **크기(36)를 수정**한 후 **드래그하여 위치를 이동**합니다.

1 Line 스프라이트를 선택한 후 [코드] 탭의 [이벤트] 팔레트에서 ▢▢▢▢▢ 블록을 드래그하여 **스크립트 창에 삽입**합니다. 그런다음 ▾[목록] 단추를 클릭한 후 [왼쪽 화살표]를 클릭합니다.

2 [동작] 팔레트의 ▢▢▢ 블록을 드래그하여 스크립트 창의 ▢▢▢▢▢ 블록 아래에 연결한 후 입력값(-2)을 수정합니다.

3 같은 방법으로 오른쪽 화살표(→)를 누르면 오른쪽 방향으로 이동하도록 **블록을 작성**합니다.

4 한돈 스프라이트를 클릭한 후 [이벤트] 및 [동작] 팔레트를 이용하여 **왼쪽 화살표(←)** 및 오른쪽 화살표(→)를 눌렀을 때의 이동을 작성합니다.

5 같은 방법으로 한우 스프라이트에 **블록을 작성**합니다.

 코딩 블록 복사하기

각각의 코딩 블록을 복사할 스프라이트로 드래그하여 복사합니다. 복사된 스프라이트를 선택한 후 바로가기 메뉴의 [블록 정리하기]를 클릭합니다.

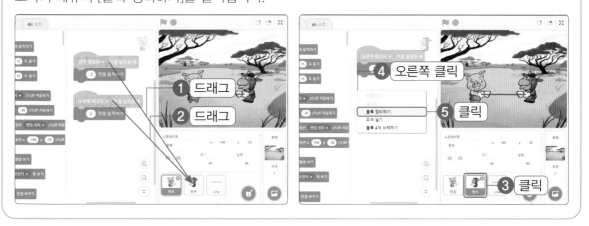

1 한돈 스프라이트의 [코드] 탭에서 [이벤트] 및 [제어], [연산], [동작], [형태] 팔레트를 이용하여 **x좌표가 −150보다 작을 경우 '이겼다!'를 2초 동안 말하도록 블록을 작성**합니다.

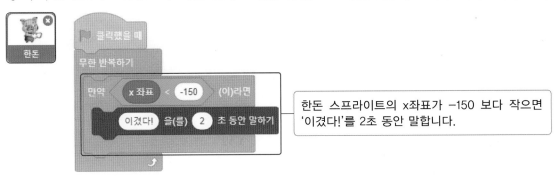

한돈 스프라이트의 x좌표가 −150 보다 작으면 '이겼다!'를 2초 동안 말합니다.

2 한우 스프라이트의 [코드] 탭에서 [이벤트] 및 [제어], [연산], [동작], [형태] 팔레트를 이용하여 **x좌표가 150보다 클 경우 '이겼다!'를 2초 동안 말하도록 블록을 작성**합니다.

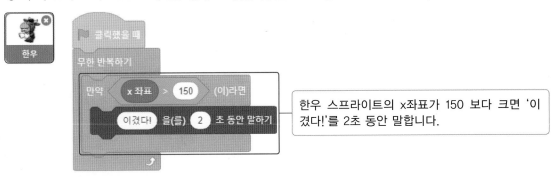

한우 스프라이트의 x좌표가 150 보다 크면 '이겼다!'를 2초 동안 말합니다.

3 ▶[시작하기]를 클릭한 후 키보드의 왼쪽 화살표(←) 또는 오른쪽 화살표(→) 등을 서로 누르면서 **줄다리기 게임을 시작**합니다. 왼쪽 또는 오른쪽 x좌표가 ±150일 경우 '이겼다!'를 2초 동안 말하는지 확인합니다.

1 [Chapter02] 폴더의 '풍선터트리기' 파일을 불러온 후 아래의 조건으로 블록을 코딩 후 실행해 보세요.

- [시작하기]를 클릭했을 때 물풍선1과 물풍선2가 가시에 닿았을 경우 물풍선이 터진 모양으로 바꾸고 모든 코드를 멈춥니다.
- 물풍선1 : 왼쪽 화살표를 눌렀을 때 크기를 10만큼 바꿉니다.
- 물풍선2 : 오른쪽 화살표를 눌렀을 때 크기를 10만큼 바꿉니다.

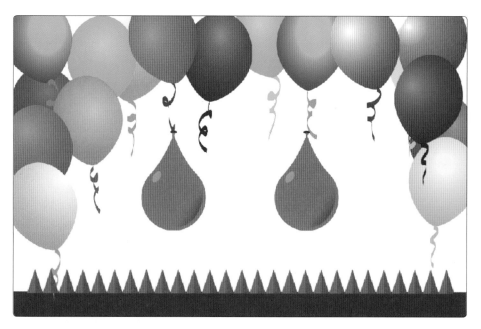

2 풍선터트리기 게임을 업그레이드하여 보다 재미있게 만들어 보세요.

- **예1** : 하나의 물풍선이 터지면 나머지 물풍선이 그대로 멈춰있도록 만들기
- **예2** : 특정 키를 눌렀을 때 물풍선의 크기가 임의의 크기로 커지도록 만들기

타이머를 이용한 줄다리기 게임

 놀이 규칙

- 시작 신호와 동시에 한돈 선수(왼쪽 화살표(←))와 한우 선수(오른쪽 화살표(→))가 서로 잡아당겨 승부를 가린다.
- 10초의 시간동안 가장 많이 잡아당긴 쪽을 승리로 하며, 같을 경우 무승부로 결정한다.

코딩 탐구

● 조건 선택을 이용한 미로 통과하기

1. http://code.org의 [학생들]을 클릭합니다.
2. [과정3]을 클릭한 후 [8.미로:조건 선택]의 1단계를 클릭합니다.
3. 화면 위쪽 설명을 이해한 후 블록을 이용, 작업 영역에 코딩을 연결하여 실행해 봅니다.
4. 1단계부터 7단계까지 단계별로 과정을 진행합니다.

 핵심포인트

[7단계] 핵심 블록 알아보기

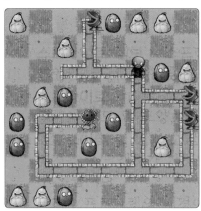

❶ 꽃에 도착할 때까지 반복하여 아래의 기능을 실행합니다.
  – 앞으로 이동합니다.
  – 만약, 오른쪽에 길이 있으면 오른쪽으로 회전합니다.

1 [Chapter03] 폴더의 **'줄다리기'** 파일을 열고 ⬤[스프라이트 고르기]를 클릭합니다.

2 [스프라이트 고르기] 대화상자가 표시되면 삽입할 **스프라이트를 클릭**합니다.

3 스프라이트가 추가되면 **스프라이트 이름(심판)을 수정**한 후 **좌표 및 크기를 수정**합니다.

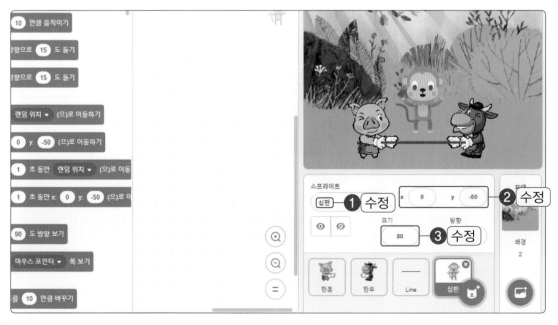

1 레이아웃을 **변경**한 후 [코드] 탭에서 [이벤트] 및 [형태], [제어] 팔레트를 이용하여 다음과 같이 **블록을 작성**합니다.

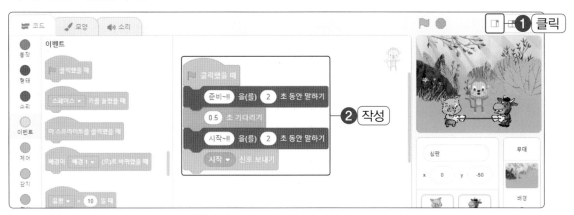

Tip 새로운 메시지 만들기

블록의 [목록] 단추를 클릭한 후 [새로운 메시지]를 클릭합니다. 그런다음 [새로운 메시지] 대화상자가 나타나면 새로운 메시지 이름(시작)을 입력한 후 [확인]을 클릭합니다.

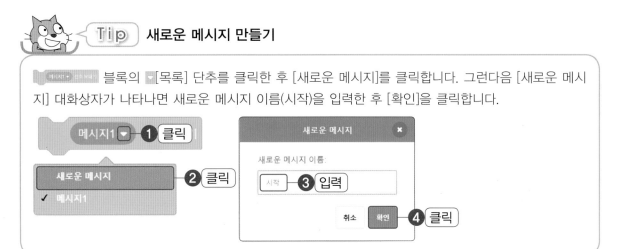

2 타이머로 승패를 결정하기 위해 다음과 같이 **블록을 작성**합니다.

[시작] 신호를 받았을 때 타이머를 초기화한 후 무한 반복하여 아래의 기능을 실행합니다.
– 만약 타이머 값이 10 초과이면 아래의 기능을 실행합니다. 그렇지 않으면 '무승부!!'를 2초 동안 말하고 모든 코드를 멈춥니다.
  ·· 만약 Line의 x좌표값이 0보다 크면 '한우~승리!!'를 2초 동안 말하고 모든 코드를 멈춥니다. 그렇지 않으면 아래의 기능을 실행합니다.
  ·· 만약 Line의 x좌표값이 0보다 작으면 '한돈~승리!!'를 2초 동안 말하고 모든 코드를 멈춥니다.

1 Line **스프라이트를 클릭**한 후 [이벤트] 및 [동작], [제어], [감지], [연산] 팔레트를 이용하여 다음과 같이 **블록을 작성**합니다.

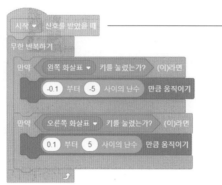

[시작] 신호를 받았을 경우 무한 반복하여 아래의 기능을 실행합니다.
- 만약 왼쪽 화살표키가 눌러졌다면 −0.1부터 −5사이의 난수 만큼 움직입니다.
- 만약 오른쪽 화살표키가 눌러졌다면 0.1부터 5사이의 난수 만큼 움직입니다.

[시작하기]를 클릭하면 처음 시작 위치로 이동합니다.

2 **한돈 및 한우** 스프라이트에 다음과 같이 **블록을 작성**합니다.

3 [시작하기]를 **클릭**한 후 키보드의 왼쪽 화살표(←) 및 오른쪽 화살표(→)를 눌러 줄다리기 게임을 실행해 봅니다.

 **블록 코딩의 원리 알아보기**

- Line이 가로 가운데 위치(X:0)를 기준으로 오른쪽 화살표를 누르면 오른쪽(0.1부터 5사이의 난수 만큼)으로 움직이고, 왼쪽 화살표를 누르면 왼쪽(−0.1부터 −5 사이의 난수 만큼)으로 움직입니다.
- 한우 및 한돈은 Line의 위치(X:0)를 기준으로 오른쪽 (100), 왼쪽(−100)에 위치하며, Line의 움직임에 따라 스프라이트의 움직임이 결정됩니다.

창의력 UPgrade

1 [Chapter03] 폴더의 '온도올리기' 파일을 불러온 후 아래의 조건으로 블록을 코딩 후 실행해 보세요.

- [시작하기]를 클릭했을 때 심판이 3, 2, 1, Start~!! 카운트 다운 후 [시작] 신호를 보냅니다.
- [시작] 신호를 받았을 때 심판은 타이머를 초기화하고 타이머 값이 5초를 넘으면 [정지] 신호를 보내고, 온도_1 과 온도_2의 위치에 따라 승패를 말합니다.
- [시작] 신호를 받았을 때 온도_1 과 온도_2는 무한 반복하여 왼쪽/오른쪽 화살표를 눌렀을 때 y좌표를 0.01부터 0.5 사이의 난수 만큼 바꿉니다.
- [정지] 신호를 받았을 때 온도_1 과 온도_2는 모두 이 스크립트를 멈춥니다.

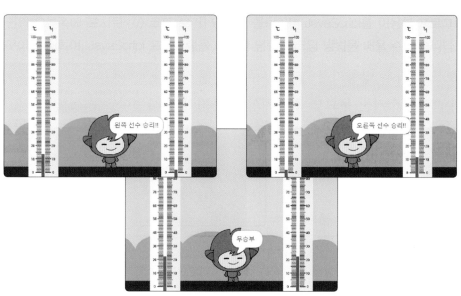

우주 전투기 만들기

● 배경의 움직임을 만드는 방법에 대해 배워봅니다.
● 스프라이트의 복제 방법을 배워봅니다.

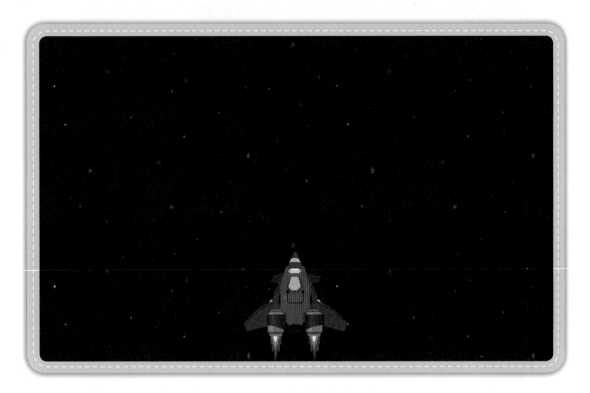

놀이 규칙

• 우주 배경이 위에서 아래로 계속해서 움직이며, 전투기가 비행하는 효과를 주며, 이때 키보드의 좌우 방향키를 눌러 우주선을 움직인다.

• 키보드의 스페이스키를 누르면 전투기에서 무기가 발사된다.

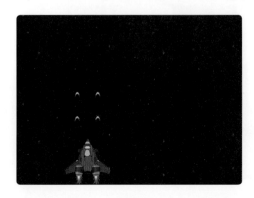

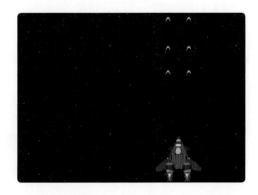

코딩 탐구

반복하기로 구덩이와 흙더미 없애기

1. http://code.org의 [학생들]을 클릭합니다.
2. [과정3]을 클릭한 후 [12.농부:~인동안 반복]의 1단계를 클릭합니다.
3. 화면 위쪽 설명을 이해한 후 블록을 이용, 작업 영역에 코딩을 연결하여 실행해 봅니다.
4. 1단계부터 9단계까지 단계별로 과정을 진행합니다.

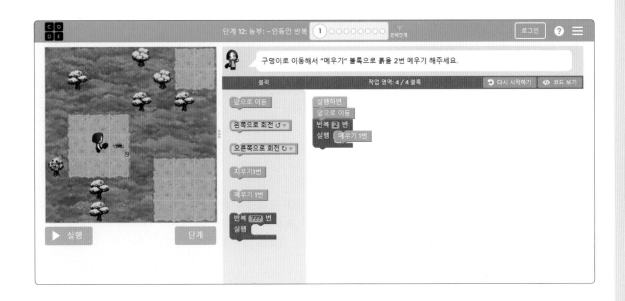

 핵심포인트

[9단계] 핵심 블록 알아보기

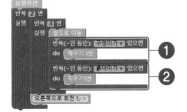

❶ 만약 구덩이가 있을 경우 반복하여 메우기 1번을 실행합니다.

❷ 만약 흙더미가 있을 경우 반복하여 치우기 1번을 실행합니다.

1 [Chapter04] 폴더의 **'우주전투기' 파일을 열고 레이아웃을 변경**합니다.

2 배경의 움직임을 만들기 위해 **우주1 스프라이트**의 [코드] 탭에서 다음과 같이 **블록을 작성**합니다.

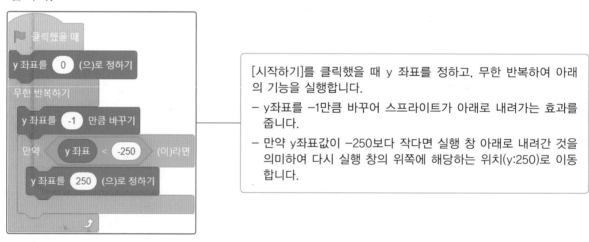

> [시작하기]를 클릭했을 때 y 좌표를 정하고, 무한 반복하여 아래의 기능을 실행합니다.
> – y좌표를 −1만큼 바꾸어 스프라이트가 아래로 내려가는 효과를 줍니다.
> – 만약 y좌표값이 −250보다 작다면 실행 창 아래로 내려간 것을 의미하여 다시 실행 창의 위쪽에 해당하는 위치(y:250)로 이동합니다.

3 같은 방법으로 우주1 스프라이트와 연결하여 움직임을 만들기 위해 **우주2 스프라이트**의 [코드] 탭에서 다음과 같이 **블록을 작성**합니다.

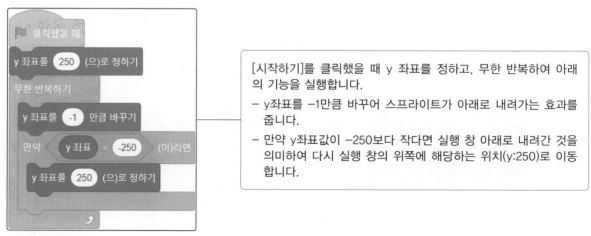

> [시작하기]를 클릭했을 때 y 좌표를 정하고, 무한 반복하여 아래의 기능을 실행합니다.
> – y좌표를 −1만큼 바꾸어 스프라이트가 아래로 내려가는 효과를 줍니다.
> – 만약 y좌표값이 −250보다 작다면 실행 창 아래로 내려간 것을 의미하여 다시 실행 창의 위쪽에 해당하는 위치(y:250)로 이동합니다.

1 **전투기 스프라이트**의 [코드] 탭에서 왼쪽 화살표(←) 및 오른쪽 화살표(→)를 이용한 전투기의 이동을 만들기 위해 다음과 같이 **블록을 작성**합니다.

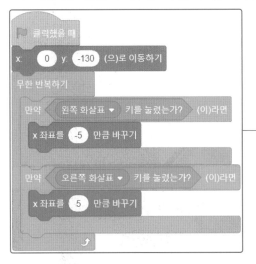

[시작하기]를 클릭했을 때 전투기를 처음 위치(x:0, y:−130)로 이동한 후 무한 반복하여 아래의 기능을 실행합니다.
  – 만약 왼쪽 화살표키를 눌렀을 경우 x좌표를 −5만큼 바꾸어 왼쪽으로 이동하는 효과를 줍니다.
  – 만약 오른쪽 화살표키를 눌렀을 경우 x좌표를 5만큼 바꾸어 오른쪽으로 이동하는 효과를 줍니다

2 전투기의 움직임 효과를 주기 위해 **전투기 스프라이트**의 [코드] 탭에서 다음과 같이 **블록을 작성**합니다.

[시작하기]를 클릭했을 때 무한 반복하여 아래의 기능을 실행합니다.
  – 다음 모양으로 바꾸어 전투기의 움직임 효과를 줍니다.
  – 0.05초 기다리기를 통해 전투기의 모양 변경을 눈으로 알아볼 수 있도록 합니다.(빠른 속도로 변경되는 모양을 확인하기 위함)

 **Tip** 모양 목록의 전투기 모양을 이용한 움직임 만들기

전투기 스프라이트의 [모양] 탭에는 전투기-a 와 전투기-b 모양이 있으며, 블록을 통해 무한 반복하여 모양을 바꾸어 움직임 효과를 만들 수 있습니다.

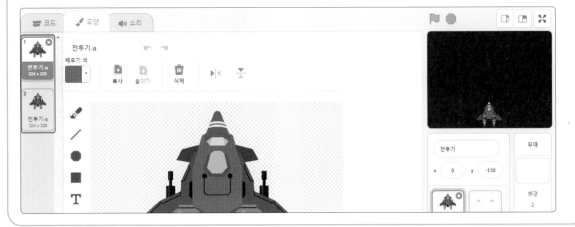

1 **총알 스프라이트**의 [코드] 탭에서 총알이 전투기를 무한 반복해서 따라 다니도록 만들기 위해 다음과 같이 **블록을 작성**합니다.

[시작하기]를 클릭했을 때 무한 반복하여 아래의 기능을 실행합니다.
– 전투기로 이동합니다.
　(전투기 스프라이트의 중심점을 기준으로 총알 스프라이트가 이동)

2 **총알 스프라이트**에서 키보드의 스페이스([SpaceBar])키를 누르면 총알이 복제되어 발사되도록 만들기 위해 다음과 같이 **블록을 작성**합니다.

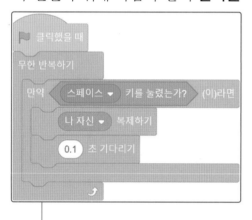

[시작하기]를 클릭했을 때 계속 반복하여 아래의 기능을 실행합니다.
– 만약 스페이스키를 눌렀을 경우 나 자신의 복제본을 만들고 0.1초 기다립니다.

복제본이 처음 생성되었을때 무한 반복하여 아래의 기능을 실행합니다.
– y좌표를 10만큼 바꾸어 총알이 위로 이동합니다.
– 만약 벽에 닿았을 경우 이 복제본을 삭제합니다.

3 ▶[**시작하기**]**를 클릭**했을 때 배경의 움직임을 확인한 후 키보드의 좌우 방향키를 눌러 이동, 스페이스키를 눌러 총알이 발사되는지 확인합니다.

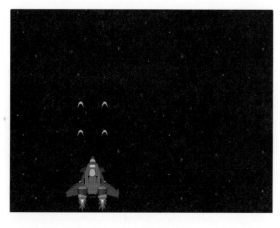

1 [Chapter04] 폴더의 '우주전투게임' 파일을 불러온 후 아래의 조건으로 블록을 작성하여 실행해 보세요.

■ **폭탄 스프라이트**

• [시작하기]를 클릭했을 때 숨기고, 무한 반복하여 아래의 기능을 실행합니다.

  – 나 자신을 복제하고 1초를 기다립니다.

• 복제본이 임의의 위치(x:−200부터 200사이의 난수)로 이동한 후 1초를 기다린 다음 보이고, 무한 반복하여 아래의 기능을 실행합니다.

  – y좌표를 −1부터 −5사이의 난수 만큼 바꿉니다.

  – 만약 벽에 닿거나 또는 총알에 닿았을 경우 이 복제본을 삭제합니다.

  – 만약 전투기에 닿았을 경우 모두 멈추어 게임을 종료합니다.

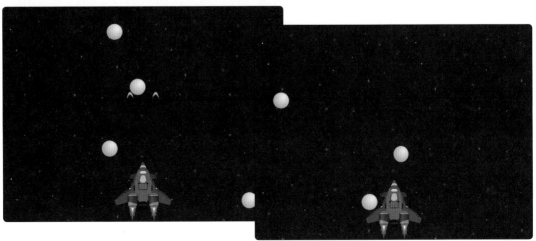

펭귄의 얼음나라 여행하기

오늘의
놀이

- 방향키에 따른 배경의 움직임을 만들어봅니다.
- 방향키에 따라 좌우로 움직이는 스프라이트를 만들어봅니다.
- 특정키를 이용한 점프 동작을 만들어봅니다.

놀이 규칙

- [시작하기]를 클릭하면 좌우 방향키에 따라 스프라이트가 좌우로 움직이며, 키보드의
  스페이스키를 누르면 점프 동작을 한다.
- 키보드의 좌우 방향키에 따라 스프라이트가 움직일 때 배경이 방향키의 반대 방향으로
  움직이며, 연결된 움직임의 배경으로 동작한다.

중첩 반복으로 꿀벌의 꽃꿀 얻기

1. http://code.org의 [학생들]을 클릭합니다.
2. [과정3]을 클릭한 후 [13.꿀벌:중첩 반복]의 1단계를 클릭합니다.
3. 화면 위쪽 설명을 이해한 후 블록을 이용, 작업 영역에 코딩을 연결하여 실행해 봅니다.
4. 1단계부터 12단계까지 단계별로 과정을 진행합니다.

핵심포인트

[9단계] 핵심 블록 알아보기

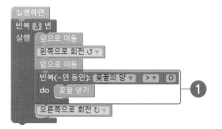

❶ 만약 꽃꿀의 양이 0보다 클 경우 반복하여 꽃꿀 얻기를 실행합니다.

1 '펭귄의여행' 파일을 열고 **펭귄 스프라이트**의 [코드] 탭에서 방향키에 따라 움직이는 효과와 함께 이동을 만들기 위해 다음과 같이 **블록을 작성**합니다.

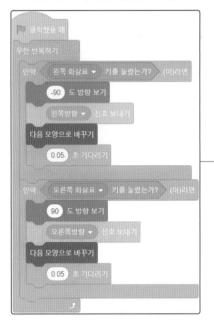

[시작하기]를 클릭했을 때 무한 반복하여 아래의 기능을 실행합니다.
- 만약 왼쪽 화살표키를 눌렀을 경우 아래의 기능을 실행합니다.
  ·· -90° 방향을 봅니다. (왼쪽 이동 방향 정함)
  ·· [왼쪽방향] 신호를 보냅니다.
  ·· 다음 모양으로 바꾸고 0.05초를 기다립니다.
- 만약 오른쪽 화살표키를 눌렀을 경우 아래의 기능을 실행합니다.
  ·· 90° 방향을 봅니다. (오른쪽 이동 방향 정함)
  ·· [오른쪽방향] 신호를 보냅니다.
  ·· 다음 모양으로 바꾸고 0.05초를 기다립니다.

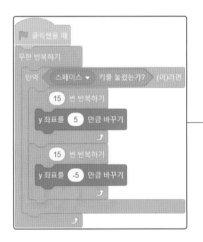

[시작하기]를 클릭했을 때 무한 반복하여 아래의 기능을 실행합니다.
- 만약 스페이스키를 눌렀을 경우 아래의 기능을 실행합니다.
  ·· 15번 반복하여 y좌표를 5만큼 바꾸어 위로 이동합니다.
  ·· 15번 반복하여 y좌표를 -5만큼 바꾸어 아래로 이동합니다.
    (15번 반복하여 위로 이동한 후 15번 반복하여 아래로 이동함으로 점프 동작을 만듭니다.)

Tip 새로운 메시지 만들기

블록의 [목록] 단추를 클릭한 후 [새로운 메시지]를 클릭합니다. 그런다음 [새로운 메시지] 대화상자가 나타나면 새로운 메시지 이름(왼쪽방향)을 입력한 후 [확인]을 클릭합니다.

1 **배경1 스프라이트**의 [코드] 탭에서 왼쪽방향 및 오른쪽방향 신호에 따라 배경의 움직임을 만들기 위해 다음과 같이 **블록을 작성**합니다.

[시작하기]를 클릭하면 배경1 스프라이트를 처음 위치로 이동합니다.

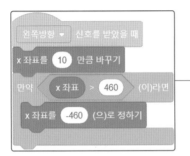

[왼쪽방향] 신호를 받았을 때 아래의 기능을 실행합니다.
  – x좌표를 10만큼 바꾸어 배경1이 오른쪽으로 이동하도록 만듭니다.
  – 만약 x좌표값이 460보다 크면 배경1의 위치(x: −460)로 이동합니다.
    (배경1이 실행 창의 오른쪽으로 이동(중심점 기준), 보이지 않게 되어 다시 왼쪽 위치로 이동하는 것)

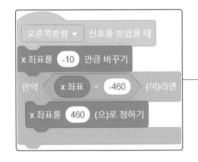

[오른쪽방향] 신호를 받았을 때 아래의 기능을 실행합니다.
  – x좌표를 −10만큼 바꾸어 배경1이 왼쪽으로 이동하도록 만듭니다.
  – 만약 x좌표값이 −460보다 작으면 배경1의 위치(x: 460)로 이동합니다.
    (배경1이 실행 창의 왼쪽으로 이동(중심점 기준), 보이지 않게 되어 다시 오른쪽 위치로 이동하는 것)

 **Tip** **배경 스프라이트의 x좌표 알아보기**

좌표는 스프라이트의 중심(중심점)의 위치입니다.
배경1 스프라이트의 처음 중심점은 x:0, y:0이며 스프라이트가 왼쪽/오른쪽으로 움직여 안보일 위치의 중심점은 x:480, y:0 또는 x:−480, y:0입니다.
(그러나 x좌표가 ±465 이상일 경우 자동으로 ±465로 자동 지정됩니다.)
배경2 스프라이트의 x좌표를 −460으로 지정하여 스프라이트간의 20 만큼 겹쳐지게 지정해 ±15의 공백을 해결합니다.

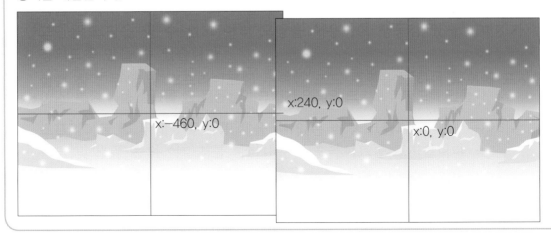

2 **배경2 스프라이트**의 [코드] 탭에서 왼쪽방향 및 오른쪽방향 신호에 따라 배경의 움직임을 만들기 위해 다음과 같이 **블록을 작성**합니다.

[시작하기]를 클릭하면 배경2 스프라이트를 처음 위치로 이동합니다.

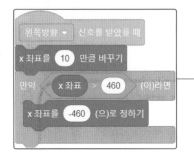

[왼쪽방향] 신호를 받았을 때 아래의 기능을 실행합니다.
- x좌표를 10만큼 바꾸어 배경2가 오른쪽으로 이동하도록 만듭니다.
- 만약 x좌표값이 460보다 크면 배경2의 위치(x: -460)로 이동합니다.
  (배경2가 실행 창의 오른쪽으로 이동(중심점 기준), 보이지 않게 되어 다시 왼쪽 위치로 이동하는 것)

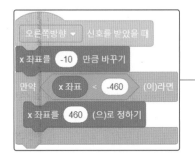

[오른쪽방향] 신호를 받았을 때 아래의 기능을 실행합니다.
- x좌표를 -10만큼 바꾸어 배경1이 왼쪽으로 이동하도록 만듭니다.
- 만약 x좌표값이 -460보다 작으면 배경1의 위치(x: 460)로 이동합니다.
  (배경1이 실행 창의 왼쪽으로 이동(중심점 기준), 보이지 않게 되어 다시 오른쪽 위치로 이동하는 것)

3 **[시작하기]를 클릭**한 후 키보드의 좌우 방향키를 눌러 펭귄 및 배경의 움직임을 확인합니다. 키보드의 스페이스키(SpaceBar)를 눌렀을 때 점프 동작을 하는지 확인합니다.

① '고슴도치피하기' 파일을 열고 다음 조건을 이용하여 펭귄의 장애물 넘기 게임을 만들어 봅니다.

고슴도치1, 고슴도치2 스프라이트

• [시작하기]를 클릭했을 때 처음 위치로 이동하고 무한 반복하여 아래의 기능을 실행합니다.
  - 만약 펭귄에 닿았을 경우 모든 코드를 멈추어 게임을 종료합니다.
• [왼쪽방향] 신호를 받았을 때 아래의 기능을 실행합니다.
  - x좌표를 10만큼씩 바꿉니다.
  - 만약 고슴도치(고슴도치1, 2)의 x좌표값이 240보다 크다면 x좌표의 위치(−240)를 이동합니다.
• [오른쪽방향] 신호를 받았을 때 아래의 기능을 실행합니다.
  - x좌표를 −10만큼씩 바꿉니다.
  - 만약 고슴도치(고슴도치1, 2)의 x좌표값이 −240보다 작다면 x좌표의 위치(240)를 이동합니다.

물고기를 잡는 상어 만들기

- 특정 영역 안에서만 움직이는 스프라이트를 만들어봅니다.
- 특정 스프라이트에 닿았을 경우 모양 변경 방법을 알아봅니다.
- 특정 스프라이트에 닿았을 경우 임의의 위치 변경 방법을 알아봅니다.

 놀이 규칙

- [시작하기]를 클릭하면 물고기들이 바닷속에서 자유롭게 움직이도록 만든다.
- 바닷속에서 자유롭게 움직이던 상어가 물고기를 만났을 때 잡아먹도록 만든다.

코딩 탐구

🍯 꿀벌의 꽃꿀 얻기 프로그램 수정하기

1. http://code.org의 [학생들]을 클릭합니다.
2. [과정3]을 클릭한 후 [14.꿀벌:디버깅]의 1단계를 클릭합니다.
3. 화면 위쪽 설명을 이해한 후 블록을 이용, 작업 영역에 코딩을 연결하여 실행해 봅니다.
4. 1단계부터 6단계까지 단계별로 과정을 진행합니다.

핵심포인트

[5단계] 핵심 블록 알아보기

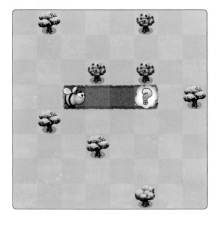

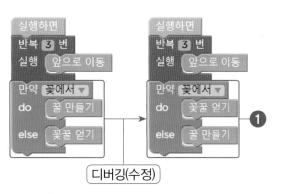

❶ 만약 꽃에서(꽃이라면) 꽃꿀을 얻습니다. 그렇지 않으면 꿀 만들기를 실행합니다.

1 '상어와물고기' 파일을 열고 **상어 스프라이트**의 **방향**(▸◂[왼쪽/오른쪽])을 확인한 후 [코드] 탭에서 다음과 같이 **블록을 작성**하여 바닷속에서 자유롭게 움직이도록 만듭니다.

```
클릭했을 때
무한 반복하기
    방향으로  -1  부터  1  사이의 난수  도 회전하기
        1  부터  5  사이의 난수  만큼 움직이기
    벽에 닿으면 튕기기
```

[시작하기]를 클릭했을 때 무한 반복하여 아래의 기능을 실행합니다.
 – 오른쪽 방향으로 −1부터 1 사이의 난수 만큼 회전합니다.
 – 1부터 5 사이의 난수 만큼 움직입니다.
 – 벽에 닿으면 튕깁니다.

2 **상어 스프라이트**에서 물고기1 ~ 물고기3 등에 닿았을 때 상어 모양이 변경되도록 다음과 같이 **블록을 작성**합니다.

```
클릭했을 때
무한 반복하기
    만약   물고기1 ▼  에 닿았는가?  또는  물고기2 ▼  에 닿았는가?  또는  물고기3 ▼  에 닿았는가?  (이)라면
        모양을  shark-b ▼  (으)로 바꾸기
            0.5  초 기다리기
        모양을  shark-a ▼  (으)로 바꾸기
```

[시작하기]를 클릭했을 때 무한 반복하여 아래의 기능을 실행합니다.
 – 만약 물고기1 또는 물고기2 또는 물고기3에 닿았을 경우 상어의 모양을 shark-b 모양으로 바꾸고 0.5초를 기다립니다.
 – 상어의 모양을 shark-a 모양으로 바꿉니다.

1 물고기1 스프라이트의 방향(◂ ◂[왼쪽/오른쪽])을 확인한 후 [코드] 탭에서 다음과 같이 **블록을 작성**하여 바닷속에서 자유롭게 움직이도록 만듭니다.

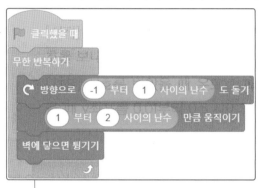

> [시작하기]를 클릭했을 때 무한 반복하여 아래의 기능을 실행합니다.
> – 오른쪽 방향으로 −1부터 1 사이의 난수 만큼 회전합니다.
> – 1부터 2 사이의 난수 만큼 움직입니다.
> – 벽에 닿으면 튕깁니다.

2 같은 방법으로 **물고기2, 물고기3 스프라이트**에 다음과 같이 **블록을 작성**하여 바닷속에서 자유롭게 움직이도록 만듭니다.

1 물고기1 ~ 물고기3 **스프라이트**에 상어에 닿았을 경우 잠시 숨겼다가 특정 위치에서 다시 나타나도록 만들기 위해 다음과 같이 **블록을 작성**합니다.

```
클릭했을 때
무한 반복하기
    만약  상어 ▼  에 닿았는가?  (이)라면
        0.1  초 기다리기
        숨기기
        0.5  부터  3  사이의 난수  초 기다리기
        x:  -200  부터  200  사이의 난수  y:  -150  부터  150  사이의 난수  (으)로 이동하기
        보이기
```

[시작하기]를 클릭했을 때 무한 반복하여 아래의 기능을 실행합니다.
– 만약 상어에 닿았을 경우 아래의 기능을 실행합니다.
‥ 0.1초를 기다렸다가 물고기의 모양을 숨깁니다.
‥ 0.5부터 3 사이의 난수 초 동안 기다립니다.
‥ 물고기의 위치(x: –200부터 200 사이의 난수, y: –150부터 150 사이의 난수)로 이동합니다.
‥ 물고기의 모양을 보입니다.

 Tip 상어에 닿았을 경우 블록 코딩 중 **0.1 초 기다리기** 블록을 사용하는 이유

물고기가 상어에 닿았을 경우 **0.1 초 기다리기** 블록이 없이 **숨기기** 명령이 실행되면 상어 스프라이트에서 상어에 물고기가 닿았을 때 상어(shark–b) 모양을 적용하지 않고 물고기가 바로 숨겨질 수 있기 때문입니다.

2 ▶[시작하기]를 클릭한 후 물고기 및 상어의 동작을 확인합니다.

창의력 UPgrade

① '상어와인어공주' 파일을 열고 인어공주와 유령을 다음과 같은 조건을 이용하여 프로그램 코딩을 만들어 보세요.

인어공주 스프라이트

• [시작하기]를 클릭했을 때 무한 반복하여 아래의 기능을 실행합니다.
  – 인어공주의 모양을 0.1초 단위로 다음 모양으로 바꿉니다.
  – 만약 상어에 닿았을 경우 아래의 기능을 실행합니다.
    ·· 인어공주의 모양을 숨기고 [변경] 신호를 보냅니다.
    ·· 2부터 5사이의 난수 초 만큼 기다렸다가 임의의 위치(x:−190부터 190사이의 난수, y:−120부터 120사이의 난수)에서 모양을 보입니다.

유령 스프라이트

• [시작하기]를 클릭했을 때 유령의 모양을 숨기고 무한 반복하여 인어공주의 위치로 이동합니다.
• [변경] 신호를 받았을 때 나 자신의 복제본을 만듭니다.
• 복제되었을 때 아래의 기능을 실행합니다.
  – 유령의 모양을 보입니다.
  – 벽에 닿을 때까지 반복하여 y좌표를 10만큼 바꾼 다음 0.1초 기다립니다.
  – 이 복제본을 삭제합니다.

고기잡이 배 만들기

오늘의 놀이
● 어선의 그물을 이용하여 물고기 잡는 방법을 알아봅니다.
● 그물이 게에 닿았을 때 그물을 못 올리고 멈추는 방법을 알아봅니다.

 놀이 규칙

• [시작하기]를 클릭하면 물고기들이 바닷속에서 자유롭게 움직이도록 만든다.
• 바닷속에서 자유롭게 움직이던 상어가 물고기를 만났을 때 잡아먹도록 만든다.

방향키를 이용한 바운스 조작하기

1. http://code.org의 [학생들]을 클릭합니다.
2. [과정3]을 클릭한 후 [15.바운스]의 1단계를 클릭합니다.
3. 화면 위쪽 설명을 이해한 후 블록을 이용, 작업 영역에 코딩을 연결하여 실행해 봅니다.
4. 1단계부터 9단계까지 단계별로 과정을 진행합니다.

 핵심포인트

[9단계] 핵심 블록 알아보기

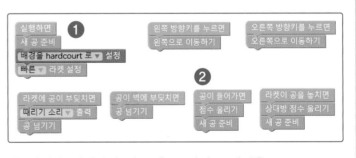

❶ 게임이 실행되면 새 공을 준비하고 배경을 hardcourt로 바꾼 다음 라켓의 속도를 빠르게 설정합니다.

❷ 골대에 공이 들어가면 점수를 올리고 새 공을 준비합니다.

1 '물고기잡기' 파일을 열고 **물고기1~물고기3 스프라이트**의 **방향(▶◀[왼쪽/오른쪽])**을 확인한 후 [코드] 탭에서 다음과 같이 **블록을 작성**합니다.

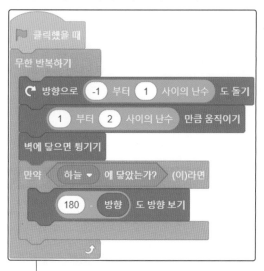

[시작하기]를 클릭했을 때 무한 반복하여 아래의 기능을 실행합니다.
- 오른쪽 방향으로 −1부터 1사이의 난수 만큼 돕니다.
- 1부터 2사이의 난수 만큼 움직입니다.
- 벽에 닿으면 튕깁니다.
- 만약 하늘에 닿았을 경우 (180−방향)도 방향을 봅니다.

2 같은 방법으로 **물고기1 ~ 물고기3 스프라이트**에 바다에서만 자유롭게 움직이도록 다음과 같이 **블록을 작성**합니다.

```
클릭했을 때
무한 반복하기
  만약  그물 ▼  에 닿았는가?  (이)라면
    숨기기
    0.5 부터 3 사이의 난수 초 기다리기
    x: -180 부터 180 사이의 난수  y: -180 부터 80 사이의 난수 (으)로 이동하기
    보이기
```

물고기1 ~ 물고기3에서 [시작하기]를 클릭했을 때 무한 반복하여 아래의 기능을 실행합니다.
- 만약 그물에 닿았을 경우 모양을 숨긴 후 0.5부터 3사이의 난수 초 동안 기다립니다.
- 임의의 위치(x:−180부터 180사이의 난수, y:−180부터 80사이의 난수)로 이동합니다.
- 물고기의 모양을 보입니다.

1 **어선 스프라이트**의 [코드] 탭에서 다음과 같이 **블록을 작성**하여 좌우 방향키에 따라 움직임을 지정합니다.

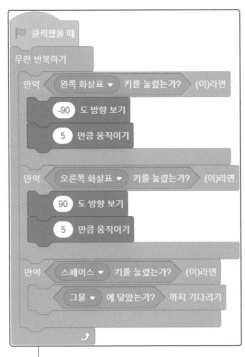

[시작하기]를 클릭했을 때 무한 반복하여 아래의 기능을 실행합니다.
 – 만약 왼쪽 화살표를 눌렀을 경우 방향을 −90°로 정하고 5만큼 움직입니다.
 – 만약 오른쪽 화살표를 눌렀을 경우 방향을 90°로 정하고 5만큼 움직입니다.
 – 만약 스페이스키를 눌렀을 경우 그물에 닿을 때까지 기다립니다.

2 **그물 스프라이트**의 [코드] 탭에서 다음과 같이 **블록을 작성**하여 그물이 어선을 따라 다니다가 특정(스페이스)키를 누르면 바다 끝까지 내려갔다가 올라오도록 만듭니다.

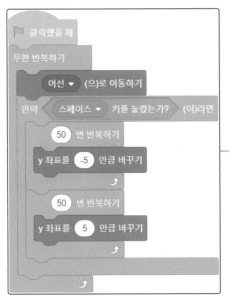

[시작하기]를 클릭했을 때 무한 반복하여 아래의 기능을 실행합니다.
 – 어선 위치로 이동합니다.
 – 만약 스페이스키를 눌렀을 경우 아래의 기능을 실행합니다.
 ·· 50번 반복하여 y좌표를 −5만큼 바꿉니다.
 (그물을 어선에서 바다밑으로 내립니다.)
 ·· 50번 반복하여 y좌표를 5만큼 바꿉니다.
 (그물을 바다밑에서 어선 위치로 다시 올립니다.)

1 **꽃게 스프라이트**의 [코드] 탭에서 다음과 같이 **블록을 코딩**하여 그물에 닿기 전까지 임의의 시간동안 좌우 임의의 위치로 자유롭게 움직이도록 만듭니다.

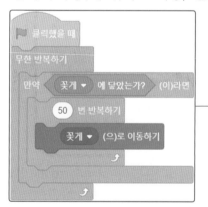

[시작하기]를 클릭했을 때 무한 반복하여 아래의 기능을 실행합니다.
– 그물에 닿기 전까지 반복하여 0.5부터 2사이의 난수 초 동안 임의의 위치(x:-180부터 180 사이의 난수, y:-170)로 이동합니다.

2 **그물 스프라이트**의 [코드] 탭에서 다음과 같이 **블록을 작성**하여 꽃게에 닿았을 경우 50번 반복하여 꽃게 위치로 이동, 일정 시간동안 그물을 잡고 있는 효과를 줍니다.

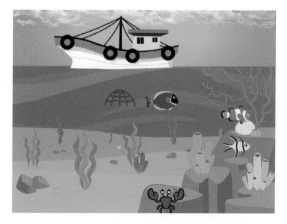

[시작하기]를 클릭했을 때 무한 반복하여 아래의 기능을 실행합니다.
– 만약 꽃게에 닿았을 경우 50번 반복하여 꽃게 위치로 이동합니다.
  (그물이 꽃게에 닿았을 경우 임의의 시간 동안 그물을 잡고 있는 효과를 줍니다.)

3 ▶[시작하기]를 클릭한 후 키보드의 좌우 방향키로 어선을 움직이면서 스페이스키를 눌러 그물로 물고기를 잡아봅니다. 꽃게에 그물이 닿았을 경우 일정 시간동안 꽃게가 그물을 잡고 있는지 확인합니다.

① '물고기올리기' 파일을 열고 물고기가 그물에 걸렸을 때 어선에 닿기 전까지 그물에 끌려 올라오도록 프로그램 코딩을 완성해 보세요.

물고기1 ~ 물고기3 스프라이트

• [시작하기]를 클릭했을 때 무한 반복하여 아래의 기능을 실행합니다.

　– 만약 그물에 닿았을 경우 아래의 기능을 실행합니다.

　　‥ 어선에 닿을 때까지 반복하여 그물 위치로 이동합니다.

　　‥ 물고기의 모양을 숨기고 0.5부터 3사이의 난수 초 동안 기다립니다.

　　‥ 임의의 위치(x:–180부터 180사이의 난수, y:–180부터 80사이의 난수)로 이동한 후 모양을 보입니다.

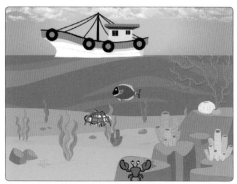

숨은 그림 찾기 게임 만들기

1. 여러분이 생각하는 숨은 그림 찾기의 원리를 적어 보세요.

2. 숨은 그림 찾기 게임을 만들 때 필요한 구조를 생각해 보세요.

3. 숨은 그림 찾기 게임에 필요한 스프라이트를 생각해 보세요.

[샘플] 숨은 그림 찾기 게임 설계하기

- 카운트다운을 실행한 후 실제 숨은 그림 찾기 화면을 표시한다.
- 배경과 숨은 그림이 포함된 스프라이트를 표시하고 마우스 포인터를 따라 다니는 손가락이 숨은 그림을 클릭했을 때 찾은 모양으로 바꾼다.

▲ 숨은 그림 장면

[샘플] 숨은 그림 찾기 게임 코딩하기

■ 숫자 스프라이트
• [시작하기]를 클릭했을 때 아래의 기능을 실행합니다.
 – 숫자 모양을 보이고 Glow-5 모양으로 바꾼 후 1초를 기다립니다.
 – 4번 반복하여 다음 모양으로 바꾸고 1초를 기다립니다.
 – 모양을 숨기고 숨은그림 신호를 보냅니다.

■ 손가락 스프라이트
• [시작하기]를 클릭했을 때 모양을 숨깁니다.
• 숨은그림 신호를 받았을 때 모양을 보이고 무한 반복하여 마우스포인터로 이동합니다.

■ 대한민국 스프라이트
• [시작하기]를 클릭했을 때 모양을 숨깁니다.
• 숨은그림 신호를 받았을 때 아래의 기능을 실행합니다.
 – 모양을 보이고 대한민국1 모양으로 바꾼 후 무한 반복하여 아래 기능을 실행합니다.
  – 만약 손가락에 닿은 상태에서 마우스를 클릭했을 경우 모양을 대한민국2 모양으로 바꿉니다.

[샘플] 숨은 그림 찾기 게임 코딩 분석하기

1. 샘플 정답 파일의 손가락 스프라이트와 대한민국 스프라이트에서 아래의 블록을 연결한 이유를 설명해 보세요.

2. 샘플 정답 파일의 숫자 스프라이트에서 아래의 블록을 사용하여 연결한 이유를 설명해 보세요.

가위바위보 게임 만들기

오늘의
놀이
● 변수의 정의를 알아봅니다.
● 변수의 사용 방법을 알아봅니다.

🕹 놀이 규칙

• 텍스트로 '가위!!' ➡ '바위!!' ➡ '보!!'를 표시할 때 도전자는 버튼으로 되어 있는 '가위', '바위', '보' 중에서 원하는 단추를 클릭하여 컴퓨터가 임의로 내는 '가위', '바위', '보'와 서로 대결한다.

코딩 탐구

변수란 무엇인가?

변수란 변하는 수를 의미하며, 데이터를 저장하는 임시 공간입니다.

예를 들어 우리가 게임을 할 때에 적과 싸울 경우 상대의 공격에 피해를 본다면 에너지 또는 점수가 줄어들고 특정 아이템을 먹으면 다시 에너지 또는 점수가 올라가는 등의 경우를 경험해 보았을 것입니다. 이처럼 에너지 또는 점수 등이 커졌다가 줄어드는 등의 변하는 값 등을 저장하는 공간, 이것을 변수라고 합니다.

변수 만들기

• [코드] 탭에서 **[변수] 팔레트를 클릭**한 후 **[변수 만들기]를 클릭**, [새로운 변수] 대화상자가 나타나면 **새로운 변수 이름(에너지)을 입력**한 다음 [확인] 단추를 클릭합니다.

• 추가된 변수에서 **바로가기 메뉴를 클릭**하여 변수이름-변수값 보기, 변수값 크게 보기, 슬라이더 사용하기 등 **옵션을 설정**할 수 있습니다.

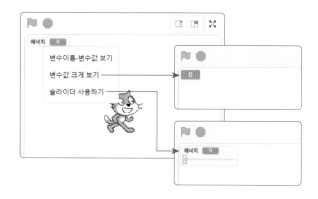

1 '가위바위보' 파일을 열고 **심판 스프라이트**의 [코드] 탭에서 [시작하기]를 클릭했을 때 가위, 바위, 보를 말하고 시작 신호를 보내기 위해 다음과 같이 **블록을 작성**합니다.

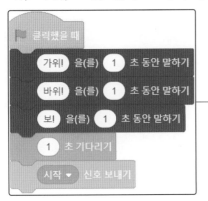

[시작하기]를 클릭했을 때 아래의 기능을 실행합니다.
- '가위!'를 1초 동안 말합니다.
- '바위!'를 1초 동안 말합니다.
- '보!'를 1초 동안 말합니다.
- 1초를 기다렸다가 시작 신호를 보냅니다.

2 **컴퓨터 스프라이트**의 [코드] 탭에서 [시작하기]를 클릭했을 때 모양을 숨겼다가 [시작]을 받았을 때 모양을 보이고 임의의 가위, 바위, 보 모양으로 바꾸기 위해 다음과 같이 **블록을 작성**합니다.

[시작하기]를 클릭했을 때 컴퓨터(가위/바위/보) 모양을 숨기고 가위 모양으로 바꿉니다.

[시작] 신호를 받았을 때 아래의 기능을 실행합니다.
- 컴퓨터(가위/바위/보) 모양을 보입니다.
- 컴퓨터(가위/바위/보) 모양을 1부터 3사이의 난수 모양으로 바꿉니다.
  (컴퓨터(가위/바위/보) 모양 중에서 임의의 모양을 선택하기 위함)

1 [변수] 팔레트에서 **[변수 만들기]를 클릭**한 후 [새로운 변수] 대화상자가 나타나면 **새로운 변수 이름(선택)을 입력**한 다음 **[확인] 단추를 클릭**합니다.

 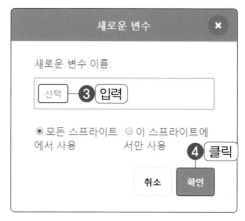

2 **가위 및 바위, 보 스프라이트**의 [코드] 탭에서 [시작] 및 [자료] 꾸러미 등을 이용하여 다음과 같이 **블록을 코딩**합니다.

가위 스프라이트를 클릭했을 때 선택 변수의 값을 1로 정합니다.

바위 스프라이트를 클릭했을 때 선택 변수의 값을 2로 정합니다.

보 스프라이트를 클릭했을 때 선택 변수의 값을 3으로 정합니다.

1 **도전자 스프라이트**의 [코드] 탭에서 [시작하기]를 클릭했을 때 모양을 숨기고 선택 변수의 값을 1로 정합니다. 그런다음 [시작] 신호를 받았을 때 모양을 보이고 선택 변수의 값에 따라 가위, 바위, 보 모양으로 바꾸기 위해 다음과 같이 **블록을 작성**합니다.

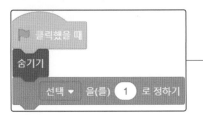

[시작하기]를 클릭했을 때 도전자(가위/바위/보) 스프라이트의 모양을 숨기고 선택 변수의 값을 1로 정합니다.

[시작] 신호를 받았을 때 아래의 기능을 실행합니다.
- 도전자(가위/바위/보) 스프라이트의 모양을 보입니다.
- 만약 선택 변수의 값이 1이면 도전자 스프라이트의 모양을 '가위' 모양으로 바꿉니다.
- 만약 선택 변수의 값이 2이면 도전자 스프라이트의 모양을 '바위' 모양으로 바꿉니다.
- 만약 선택 변수의 값이 3이면 도전자 스프라이트의 모양을 '보' 모양으로 바꿉니다.

2 ▶[시작하기]를 **클릭**한 후 심판이 가위, 바위, 보를 말하고 원하는 단추(가위, 바위, 보)를 선택, 컴퓨터와 가위, 바위, 보, 게임을 실행합니다.

1 '2단외우기' 파일을 열고 결과화면과 같이 2단을 말할 때 스크립트 창의 블록 코딩에서 빈 곳을 채워 완성해 보세요.

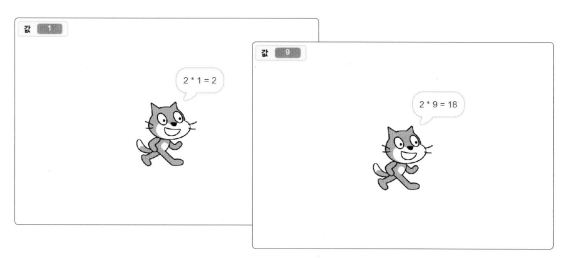

2 '구구단' 파일을 열고 결과화면과 같이 2~9단 외우기를 말할 때 스크립트 창의 블록 코딩에서 빈 곳을 채워 완성해 보세요.

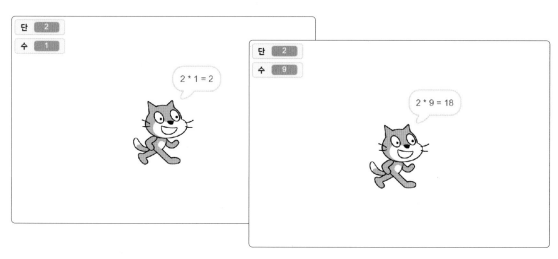

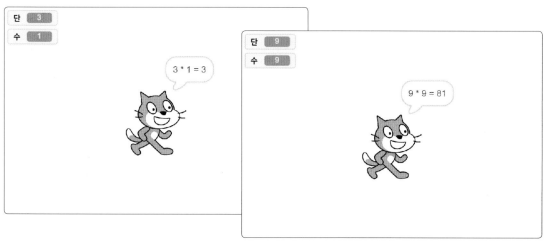

Chapter 10

뱀을 피하는 개구리 게임 만들기

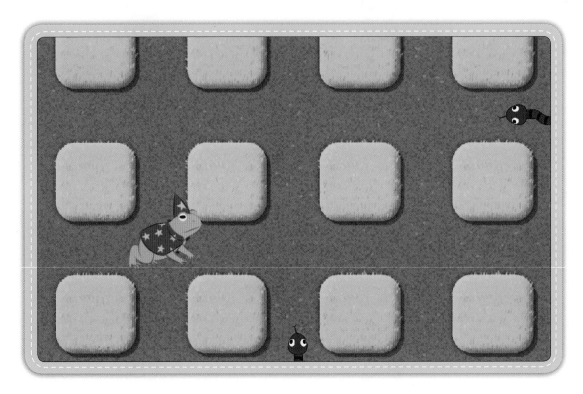

놀이 규칙

• 가로 및 세로 방향에서 움직이는 뱀을 방향키를 이용하여 피하는 게임이다.
• 개구리가 뱀에 닿으면 게임이 종료된다.

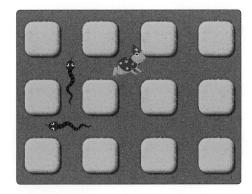
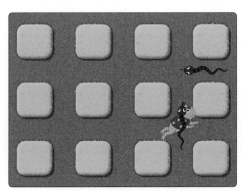

코딩 탐구

변수를 이용한 개와 고양이 조작하기

1. http://code.org의 [학생들]을 클릭합니다.
2. [과정4]를 클릭한 후 [7.PlayLab:변수]의 1단계를 클릭합니다.
3. 화면 위쪽 설명을 이해한 후 블록을 이용, 작업 영역에 코딩을 연결하여 실행해 봅니다.
4. 1단계부터 7단계까지 단계별로 과정을 진행합니다.

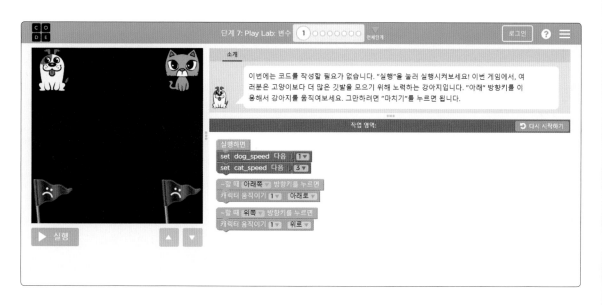

핵심포인트

[6단계] 핵심 블록 알아보기

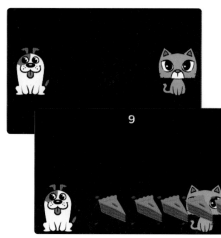

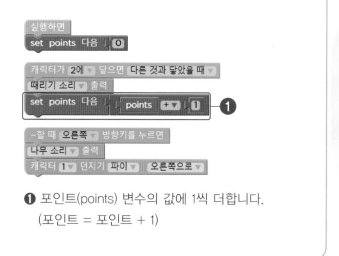

❶ 포인트(points) 변수의 값에 1씩 더합니다.
   (포인트 = 포인트 + 1)

변수를 이용한 뱀1의 움직임 만들기

1 '개구리점프' 파일을 열고 [코드] 탭에서 **[변수]** 팔레트를 클릭한 후 **[변수 만들기]**를 클릭, 가
로위치 및 세로위치 변수를 생성하고 **선택 해제**합니다.

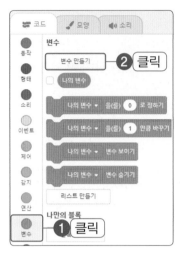

2 **뱀1 스프라이트**의 [코드] 탭에서 뱀1이 반복하여 오른쪽에서 왼쪽으로 특정 높이(위쪽/아래
쪽)에서 이동하도록 **블록을 작성**합니다.

[시작하기]를 클릭했을 때 무한 반복하여 아래의 기능을 실행합니다.
– 가로위치 변수의 값을 1부터 2사이의 난수로 정합니다.
– 만약 가로위치 값이 1이면 x: 240, y: −60 위치로 이동합니다.
– 만약 가로위치 값이 2이면 x: 240, y: 60 위치로 이동합니다.
– 2부터 4사이의 난수 초 동안 가로 왼쪽 끝 x: −240, y: y좌표 위치로 이동합니다.
– 0.1부터 1사이의 난수 초 동안 기다립니다.

[시작하기]를 클릭했을 때 무한 반복하여 아래의 기능을 실행합니다.
– 뱀1 스프라이트의 모양을 0.1초 단위로 다음 모양으로 바꿉니다.

1 **뱀2 스프라이트**의 [코드] 탭에서 뱀2가 반복하여 아래쪽에서 위쪽으로 특정 위치에서 이동하도록 **블록을 작성**합니다.

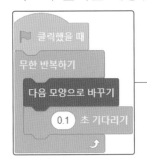

> [시작하기]를 클릭했을 때 무한 반복하여 아래의 기능을 실행합니다.
> – 뱀2 스프라이트의 모양을 0.1초 단위로 다음 모양으로 바꿉니다.

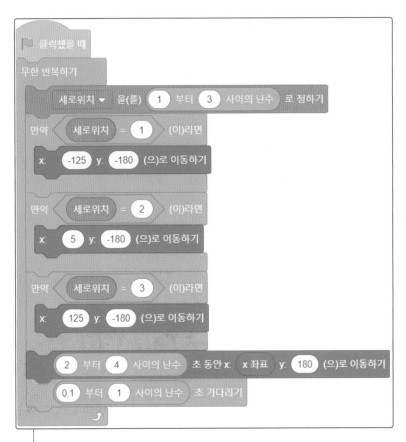

> [시작하기]를 클릭했을 때 무한 반복하여 아래의 기능을 실행합니다.
> – 세로위치 변수의 값을 1부터 3사이의 난수로 정합니다.
> – 만약 세로위치 값이 1이면 x: −125, y: −180 위치로 이동합니다.
> – 만약 세로위치 값이 2이면 x: 5, y: −180 위치로 이동합니다.
> – 만약 세로위치 값이 3이면 x: 125, y: −180 위치로 이동합니다.
> – 2부터 4사이의 난수 초 동안 세로 위쪽 끝 x: x좌표, y: 180 위치로 이동합니다.
> – 0.1부터 1사이의 난수 초 동안 기다립니다.

1 **개구리 스프라이트**의 [코드] 탭에서 방향키에 따른 개구리의 점프 동작과 이동을 다음과 같이 **블록을 작성**합니다.

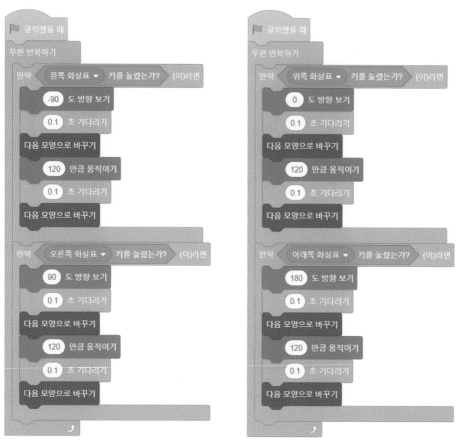

> 화살표(←/→/↑/↓)를 눌렀을 경우 개구리가 해당 방향으로 점프 및 이동 합니다.

2 **개구리 스프라이트**의 [코드] 탭에서 개구리가 뱀1 또는 뱀2에 닿았을 경우 게임을 종료하도록 **블록을 작성**합니다.

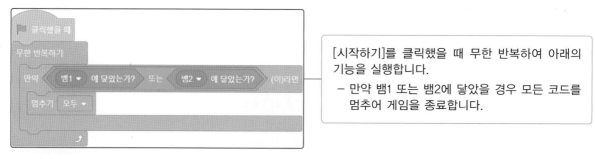

[시작하기]를 클릭했을 때 무한 반복하여 아래의 기능을 실행합니다.
- 만약 뱀1 또는 뱀2에 닿았을 경우 모든 코드를 멈추어 게임을 종료합니다.

3 ▶[**시작하기**]를 **클릭**한 후 방향키를 이용하여 뱀들을 피해 움직이며, 뱀에 닿았을 경우 게임이 종료되는지 확인합니다.

① '새피하기' 파일을 열고 다음과 같이 새1~2의 움직임을 프로그램 코딩으로 완성해 보세요.

새1 • [시작하기]를 클릭했을 때 무한 반복하여 아래의 기능을 실행합니다.
  – 가로위치를 1부터 2사이의 난수로 정합니다.
  – 만약 가로위치 값이 1이면 x: –240, y: –50 위치로 이동합니다.
  – 만약 가로위치 값이 2이면 x: –240, y: 70 위치로 이동합니다.
  – 2부터 4사이의 난수 초 동안 x: 240, y: y좌표 위치로 이동합니다.
  – 0.1부터 1사이의 난수 초 동안 기다립니다.

새2 • [시작하기]를 클릭했을 때 무한 반복하여 아래의 기능을 실행합니다.
  – 세로위치를 1부터 3사이의 난수로 정합니다.
  – 만약 세로위치 값이 1이면 x: –125, y: 180 위치로 이동합니다.
  – 만약 세로위치 값이 2이면 x: 5, y: 180 위치로 이동합니다.
  – 만약 세로위치 값이 3이면 x: 125, y: 180 위치로 이동합니다.
  – 2부터 4사이의 난수 초 동안 x: x좌표, y: –180 위치로 이동합니다.
  – 0.1부터 1사이의 난수 초 동안 기다립니다.

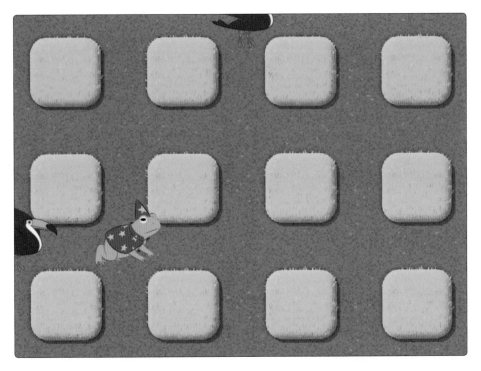

Chapter 11

로켓을 피하는 개구리 게임 만들기

오늘의 놀이
- 변수를 이용한 방향 선택 방법에 대해 알아봅니다.
- 양쪽 방향에서 움직이는 로켓을 만들어봅니다

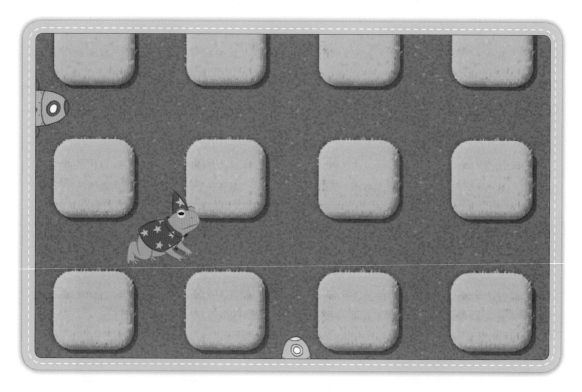

🕹 놀이 규칙

- 왼쪽에서 오른쪽, 오른쪽에서 왼쪽, 아래쪽에서 위쪽 등 다양하게 움직이는 로켓을 방향키를 이용하여 개구리를 움직여 피하는 게임이다.

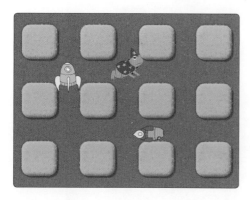
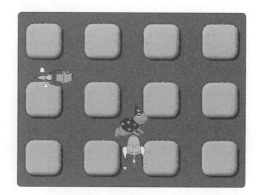

변수를 이용한 화가의 그림 그리기

1. http://code.org의 [학생들]을 클릭합니다.
2. [과정4]를 클릭한 후 [6.화가:변수]의 1단계를 클릭합니다.
3. 화면 위쪽 설명을 이해한 후 블록을 이용, 작업 영역에 코딩을 연결하여 실행해 봅니다.
4. 1단계부터 3단계까지 단계별로 과정을 진행합니다.

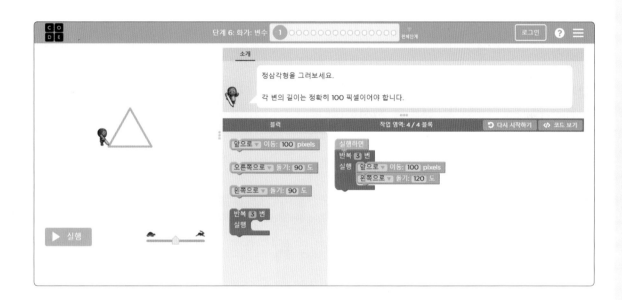

[9단계] 핵심 블록 알아보기

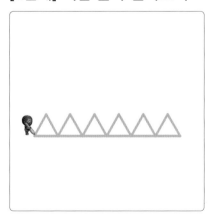

❶ 길이(length) 변수의 값을 50으로 지정합니다.
❷ 앞으로 길이(length) 변수의 값만큼 이동합니다.

1 '로켓피하기' 파일을 열고 [코드] 탭에서 **[변수]** 팔레트를 클릭한 후 **[변수 만들기]**를 클릭, 가로위치 및 세로위치, 선택 변수를 생성하고 **선택 해제**합니다.

2 **로켓1 스프라이트**의 [코드] 탭에서 로켓1이 반복하여 왼쪽에서 오른쪽으로 특정 높이(위쪽/아래쪽)에서 이동하도록 **블록을 작성**합니다.

[시작하기]를 클릭했을 때 무한 반복하여 아래의 기능을 실행합니다.
- 가로위치 변수의 값을 1부터 2사이의 난수로 정합니다.
- 만약 가로위치 값이 1이면 x: −240, y: 50 위치로 이동합니다.
- 만약 가로위치 값이 2이면 x: −240, y: −70 위치로 이동합니다.
- 2부터 4사이의 난수 초 동안 가로 왼쪽 끝 x: 240, y: y좌표 위치로 이동합니다.
- 0.1부터 1사이의 난수 초 동안 기다립니다.

[시작하기]를 클릭했을 때 무한 반복하여 아래의 기능을 실행합니다.
- 로켓1 스프라이트의 모양을 0.1초 단위로 다음 모양으로 바꿉니다.

1 로켓2과 로켓3 스프라이트의 [코드] 탭에서 [선택1]과 [선택2]의 신호를 받았을 때 로켓은 임의의 위치에서 아래쪽에서 위쪽으로 이동하도록 **블록을 작성**합니다.

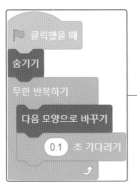

[시작하기]를 클릭했을 때 모양을 숨기고 무한 반복하여 아래의 기능을 실행합니다.
　－ 로켓 스프라이트의 모양을 0.1초 단위로 다음 모양으로 바꿉니다.

[선택1] 신호를 받았을 때 아래의 기능을 실행합니다.
　－ 로켓의 모양을 보이고 세로위치 변수의 값을 1부터 3사이의 난수로 정합니다.
　－ 만약 세로위치 값이 1이면 x: −125, y: −180 위치로 이동합니다.
　－ 만약 세로위치 값이 2이면 x: 5, y: −180 위치로 이동합니다.
　－ 만약 세로위치 값이 3이면 x: 125, y: −180 위치로 이동합니다.
　－ 2부터 4사이의 난수 초 동안 세로 위쪽 끝 x: x좌표, y: 180 위치로 이동합니다.
　－ 0.1부터 1사이의 난수 초 동안 기다립니다.
　－ 로켓의 모양을 숨깁니다.

Step 03 ⚙ 선택 변수에 따른 로켓 움직임 선택 만들기

1 **무대**의 [코드] 탭에서 로켓1 또는 로켓2를 신호에 의하여 선택, 해당 로켓 움직이도록 다음과 같이 **블록을 작성**합니다.

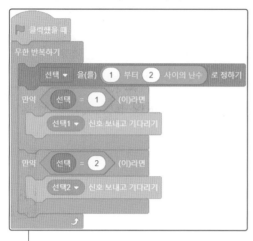

[시작하기]를 클릭했을 때 무한 반복하여 아래의 기능을 실행합니다.

– 선택 변수의 값을 1부터 2사이의 난수로 정합니다.
– 만약 선택 값이 1이면 [선택1] 신호를 보낸 후 [선택1] 신호에 의한 실행이 끝날 때까지 기다리고 그렇지 않으면 [선택2] 신호를 보낸 후 [선택2] 신호에 의한 실행이 끝날 때까지 기다립니다.

Tip 신호 보내기와 신호 보내고 기다리기 차이점

• **신호 보내기** : 신호를 받은 로켓 스프라이트는 연속해서 진행되게 됩니다.
• **신호 보내고 기다리기** : 로켓 스프라이트가 구성하고 있는 코드가 전부 실행된 뒤에 다음 동작을 진행하게 됩니다.

2 **개구리 스프라이트**의 [코드] 탭에서 방향키에 따른 개구리의 움직임을 확인한 후 로켓1 ~ 로켓3 중 어떤 로켓이든지 개구리와 닿으면 게임이 종료되도록 **블록 작성을 추가**합니다.

3 ⚑[**시작하기**]를 **클릭**한 후 왼쪽에서 오른쪽으로, 아래쪽에서 위쪽으로 움직이는 로켓을 방향키로 피하는 개구리 게임을 실행해봅니다.

① '개구리게임' 파일을 열고 개구리가 5회에 걸쳐 닿았을 경우 게임이 종료되도록 프로그램 코딩을 수정해 보세요.

개구리 스프라이트

• [시작하기]를 클릭했을 때 모양을 개구리-a 모양으로 바꾼 후 횟수 변수의 값을 5로 정하고 무한 반복하여 아래의 기능을 실행합니다.

　– 만약 로켓1 또는 로켓2 또는 로켓3에 닿았을 경우 횟수 변수의 값을 1씩 차감한 후 아래의 기능을 실행합니다.

　　‥ 만약 횟수 변수의 값이 0이면 모든 코드를 멈추어 게임을 종료합니다.

　　‥ 1초를 기다립니다.

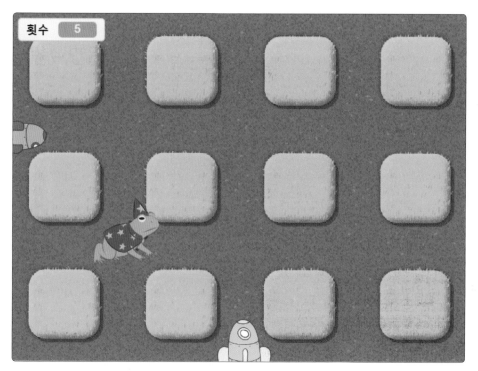

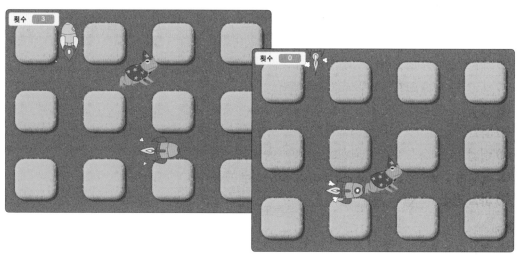

Chapter 12

공차기 게임 만들기

오늘의 놀이
● 신호에 의해 공을 차기 위한 동작을 만들어봅니다.
● 특정키를 눌러 임의의 방향으로 공을 차는 방법을 알아봅니다.

놀이 규칙

• '3', '2', '1', 'kick' 순서로 신호가 표시될 때 키보드의 스페이스키를 눌러 키커의 동작과 함께 골대의 임의의 방향으로 공을 차는 게임이다.

코딩 탐구

반복 동작으로 꽃에서 꿀 모으기

1. http://code.org의 [학생들]을 클릭합니다.
2. [과정4]를 클릭한 후 [9.꿀벌:반복]의 1단계를 클릭합니다.
3. 화면 위쪽 설명을 이해한 후 블록을 이용, 작업 영역에 코딩을 연결하여 실행해 봅니다.
4. 1단계부터 8단계까지 단계별로 과정을 진행합니다.

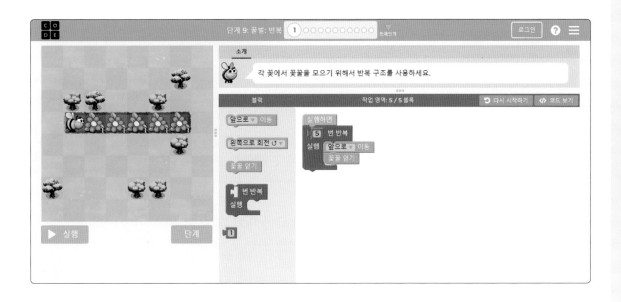

[8단계] 핵심 블록 알아보기

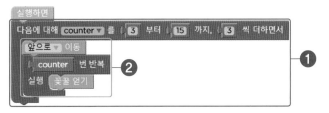

❶ 카운터(counter)를 3부터 15까지 3씩 더하면서 블록 안의 묶음(❷)을 실행합니다.

❷ 앞으로 이동한 후 카운터(counter)번 만큼 반복하여 꽃꿀 얻기를 실행합니다.

1 '공차기' 파일을 열고 [코드] 탭에서 **신호 및 차는방향 변수**를 확인한 후 **차는방향 변수**는 실행 창에서 숨기고 신호 변수는 위치를 조정합니다.

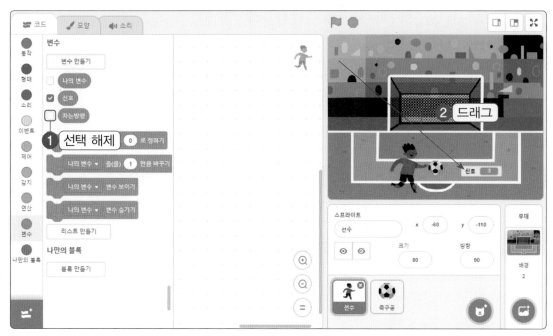

2 **선수 스프라이트**의 [모양] 탭에서 선수의 모양이 2가지 동작인지 확인합니다.

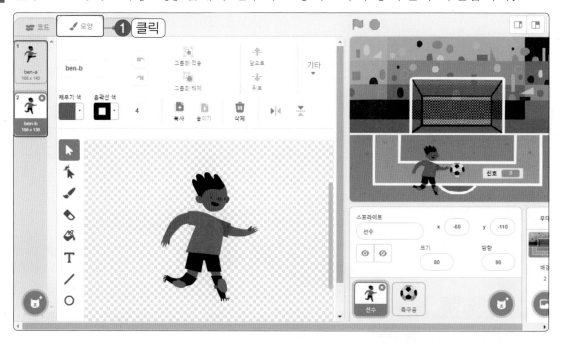

1 **무대**의 [코드] 탭에서 다음과 같이 **블록을 작성**하여 [시작하기]를 클릭했을 때 신호 변수의 값을 지정합니다.

[시작하기]를 클릭했을 때 아래의 기능을 실행합니다.
- 신호 변수의 값을 '3'으로 정합니다.
- 1초를 기다린 후 신호 변수의 값을 '2'로 정합니다.
- 1초를 기다린 후 신호 변수의 값을 '1'로 정합니다.
- 1초를 기다린 후 신호 변수의 값을 'kick'으로 정합니다.

2 **선수 스프라이트**의 [코드] 탭에서 다음과 같이 **블록을 작성**하여 [시작하기]를 클릭했을 때 슛 동작을 만들어 봅니다.

[시작하기]를 클릭했을 때 아래의 기능을 실행합니다.
- 선수 스프라이트를 공 근처 위치(x: −60, y: −110)로 이동합니다.
- 선수 스프라이트의 모양을 ben-b 모양으로 바꿉니다.

스페이스키를 눌렀을 때 아래의 기능을 실행합니다.
- 만약 신호 변수의 값이 'kick'이라면 아래의 기능을 실행합니다.
  ·· 차는방향 변수의 값을 1부터 3사이의 난수로 정합니다.
  ·· 선수 스프라이트의 모양을 ben-a 모양으로 바꿉니다.
  ·· [슛] 신호를 보냅니다.

1 **축구공 스프라이트**의 [코드] 탭에서 다음과 같이 **블록을 작성**하여 슛 신호에 의한 공의 움직임을 만들어 봅니다.

> [시작하기]를 클릭했을 때 축구공을 패널티킥 지점 가운데 위치 (x: 0, y: −110)로 이동합니다.

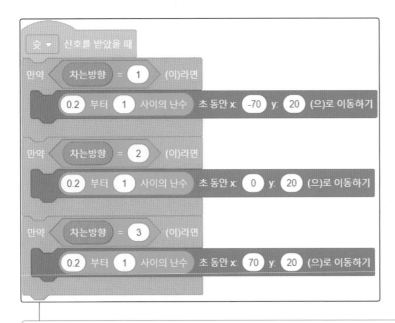

> [슛] 신호를 받았을 때 아래의 기능을 실행합니다.
> – 만약 차는방향 변수의 값이 1이면 0.2부터 1사이의 난수 초 동안 골대의 왼쪽 위치(x: −70, y: 20)로 움직입니다.
> – 만약 차는방향 변수의 값이 2이면 0.2부터 1사이의 난수 초 동안 골대의 가운데 위치(x: 0, y: 20)로 움직입니다.
> – 만약 차는방향 변수의 값이 3이면 0.2부터 1사이의 난수 초 동안 골대의 오른쪽 위치(x: 70, y: 20)로 움직입니다.

2 ⚑[시작하기]를 클릭한 경우 신호 변수의 카운트에서 kick 메시지가 표시될 때 키보드의 스페이스키를 눌러 키커가 공을 차고 공이 골대로 이동하는지 확인합니다.

① '선택공차기' 파일을 열고 왼쪽, 오른쪽, 위쪽 화살표 키 등을 이용하여 kick 메시지가 표시될 때 원하는 방향으로 공을 차도록 프로그램을 코딩해 보세요.

선수 스프라이트
• 시작하기를 클릭했을 때 아래의 기능을 실행합니다.
 – 선수의 위치(x: −60, y: −110)를 움직이고 모양을 ben−b 모양으로 바꿉니다.
 – 차는방향 변수의 값을 1부터 3 사이의 난수로 정합니다.
 – 무한 반복하여 아래의 기능을 실행합니다.
  ‥ 만약 왼쪽 화살표 키를 눌렀을 경우 차는방향 변수의 값을 1로 정합니다.
  ‥ 만약 위쪽 화살표 키를 눌렀을 경우 차는방향 변수의 값을 2로 정합니다.
  ‥ 만약 오른쪽 화살표 키를 눌렀을 경우 차는방향 변수의 값을 3으로 정합니다.

• 스페이스키를 눌렀을 때 아래의 기능을 실행합니다.
 – 만약 신호 변수의 값이 'kick'이라면 아래의 기능을 실행합니다.
  ‥ 선수 스프라이트의 모양을 ben−a 모양으로 바꿉니다.
  ‥ [슛] 신호를 보냅니다.

13

승부차기 게임 만들기

● 결과에 따른 판정을 말하는 방법을 알아봅니다.
● 변수를 이용한 골키퍼의 동작 및 신호 방법을 알아봅니다.

놀이 규칙

• 키보드의 스페이스 키를 누르면 신호가 카운트다운 되며, kick 신호일 때 왼쪽, 가운데, 오른쪽 방향키를 눌러 공을 차는 방향을 선택한다.

• 골이 들어가면 '골인'을 말하고 골키퍼에 막히면 '노골'을 말한다.

코딩 탐구

🎲 재미있는 이야기 만들기

1. http://code.org의 [학생들]을 클릭합니다.
2. [과정3]을 클릭한 후 [16.PlayLab:이야기 만들기]의 1단계를 클릭합니다.
3. 화면 위쪽 설명을 이해한 후 블록을 이용, 작업 영역에 코딩을 연결하여 실행해 봅니다.
4. 1단계부터 5단계까지 단계별로 과정을 진행합니다.

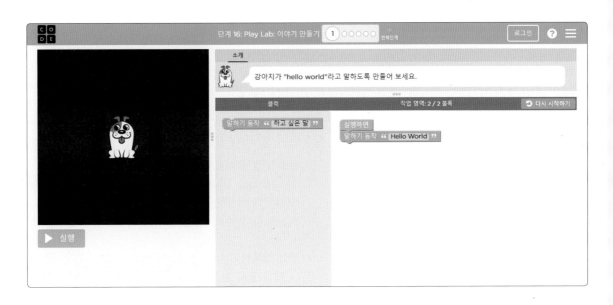

[4단계] 핵심 블록 알아보기

❶ 실행하면 강아지(캐릭터1)를 오른쪽으로 100픽셀 만큼 움직입니다.

❷ 강아지(캐릭터1)에 닿으면 고양이(캐릭터2)가 'hello'라고 말합니다.

1 '승부차기' 파일을 열고 **심판 스프라이트**의 [코드] 탭에서 다음과 같이 **블록을 작성**하여 골인 및 노골 신호에 의한 표시를 지정합니다.

[골인] 신호를 받았을 때 아래의 기능을 실해합니다.
– '골인!'을 2초 동안 말합니다.

[노골] 신호를 받았을 때 아래의 기능을 실해합니다.
– '노골!'을 2초 동안 말합니다.

2 **선수 스프라이트**의 [코드] 탭에서 다음과 같이 **블록을 작성**하여 골인 및 노골 신호에 의한 표시를 지정합니다.

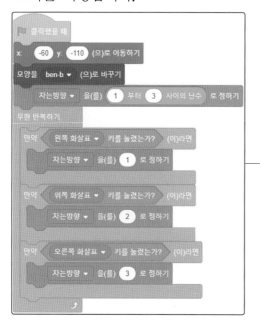

[시작하기]를 클릭했을 때 아래의 기능을 실행합니다.
– 선수 위치(x: −60, y: −110)를 이동하고 모양을 ben−b 모양으로 바꿉니다.
– 차는방향 변수의 값을 '1'부터 '3' 사이의 난수로 정합 니다.
– 무한 반복하여 다음 기능을 실행합니다.
   ‥ 만약 왼쪽 화살표키를 눌렀다면 차는방향 변수의 값을 '1'로 정합니다.
   ‥ 만약 위쪽 화살표키를 눌렀다면 차는방향 변수의 값을 '2'로 정합니다.
   ‥ 만약 오른쪽 화살표키를 눌렀다면 차는방향 변수의 값을 '3'으로 정합니다.

[스페이스] 키를 눌렀을 때 아래의 기능을 실행합니다.
– 만약 신호 변수의 값이 'kick' 이면 다음 기능을 실행합니다.
   ‥ 모양을 ben−a 모양으로 바꿉니다.
   ‥ 슛 신호를 보냅니다.

1 **골키퍼 스프라이트**의 [코드] 탭에서 왼쪽방향 및 오른쪽방향 신호에 따라 골키퍼의 움직임을 만들기 위해 다음과 같이 **블록을 작성**합니다.

> [시작하기]를 클릭하면 아래의 기능을 실행합니다.
> – 골키퍼를 x: 0, y: 0 위치로 이동하고 모양을 골키퍼-중앙 모양으로 바꿉니다.

[슛] 신호를 받았을 때 아래의 기능을 실행합니다.
– 신호 변수의 값을 '슛'으로 정하고 막는방향 변수의 값을 '1'부터 '3' 사이의 난수로 정합니다.
– 만약 막는방향 변수의 값이 '1' 이면 다음 기능을 실행합니다.
  ·· 모양을 골키퍼-왼쪽 모양으로 바꾸고 '0.2'부터 '1' 사이의 난수 초 동안 x: –60, y: 20 위치로 이동합니다.
– 만약 막는방향 변수의 값이 '2' 이면 다음 기능을 실행합니다.
  ·· 모양을 골키퍼-중앙 모양으로 바꾸고 '0.2'부터 '1' 사이의 난수 초 동안 x: 0, y: 0 위치로 이동합니다.
– 만약 막는방향 변수의 값이 '3' 이면 다음 기능을 실행합니다.
  ·· 모양을 골키퍼-오른쪽 모양으로 바꾸고 '0.2'부터 '1' 사이의 난수 초 동안 x: 60, y: 20 위치로 이동합니다.
– '0.5'초 기다립니다.

kick 신호에 의한 축구공의 동작 만들기

1 **축구공 스프라이트**의 [코드] 탭에서 다음과 같이 **블록을 작성**하여 차는방향에 따라 축구공이 이동하고 결과 신호를 보내도록 작성합니다.

> [시작하기]를 클릭했을 때 위치(x: 0, y: −110)를 이동합니다.

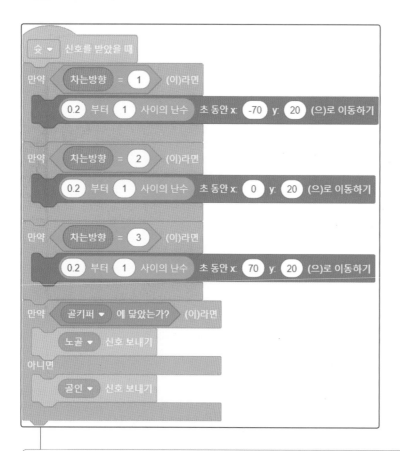

[슛] 신호를 받았을 때 아래의 기능을 실행합니다.
- 만약 차는방향 변수의 값이 '1' 이면 다음 기능을 실행합니다.
  - ·· '0.2'부터 '1' 사이의 난수 초 동안 x: −70, y: 20 위치로 이동합니다.
- 만약 차는방향 변수의 값이 '2' 이면 다음 기능을 실행합니다.
  - ·· '0.2'부터 '1' 사이의 난수 초 동안 x: 0, y: 20 위치로 이동합니다.
- 만약 차는방향 변수의 값이 '3' 이면 다음 기능을 실행합니다.
  - ·· '0.2'부터 '1' 사이의 난수 초 동안 x: 70, y: 20 위치로 이동합니다.
- 만약 골키퍼에 달았다면 노골 신호를 보내고 아니면 골인 신호를 보냅니다.

2 ▶[시작하기]를 **클릭**한 경우 신호 변수의 카운트가 시작되는지 확인합니다. kick 메시지가 표시될 때 스페이스키를 눌러 선수가 공을 차고 공이 골대로 이동하는지 확인합니다.

① '횟수제한승부차기' 파일을 열고 다음의 조건에 따라 5회 승부차기를 통해 4번 이상 골이 들어가면 빨강팀이 승리하는 게임을 만들어 보세요.

변수 추가

• 횟수 : 승부차기 전체 횟수를 카운트하기 위한 변수로 만듭니다.
• 골횟수 : 승부차기 결과 골이 들어갔을 경우 횟수를 세기 위한 변수로 만듭니다.

심판 스프라이트

• [시작하기]를 클릭했을 때 횟수를 0으로 정하고 무한 반복하여 아래의 기능을 실행합니다.
　– 만약 횟수의 값이 5이면 1초를 기다렸다가 아래의 기능을 실행합니다.
　　‥ 만약 골횟수 값이 3 초과이면 '빨강팀 승리!!'라고 2초간 말하고 그렇지 않으면 '노랑팀 승리!!'라고 2초간 말합니다.
　　‥ 모든 코드를 멈추어 게임을 종료합니다.
• [골인] 신호를 받았을 때 '골인!'이라고 2초간 말하고 횟수 및 골횟수의 값을 1만큼 더합니다.
• [노골] 신호를 받았을 때 '노골!'이라고 2초간 말하고 횟수의 값을 1만큼 더합니다.

Chapter 14

올라오는 해파리 피하기

오늘의 놀이
● 시간에 따른 점수 누적 방법을 알아봅니다.
● 해파리에 닿았을 때 에너지 차감 방법을 알아봅니다.

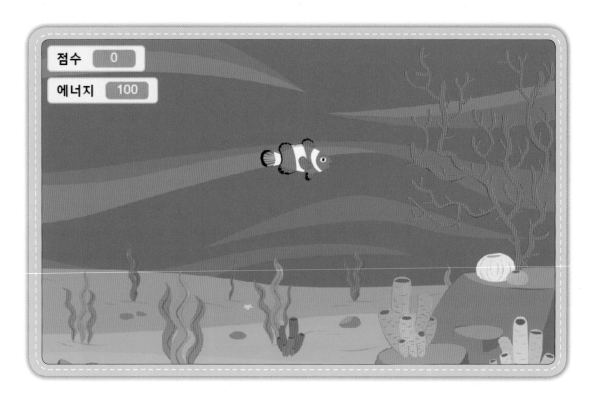

놀이 규칙

• 바닥에서 위쪽으로 올라오는 해파리들을 키보드의 방향키로 피하는 게임이다.

• 해파리에 닿았을 때 에너지가 차감되며 일정 시간이 지날 때마다 점수가 누적된다.

 코딩 탐구

재미있는 게임 만들기

1. http://code.org의 [학생들]을 클릭합니다.
2. [과정3]을 클릭한 후 [17.PlayLab:게임 만들기]의 1단계를 클릭합니다.
3. 화면 위쪽 설명을 이해한 후 블록을 이용, 작업 영역에 코딩을 연결하여 실행해 봅니다.
4. 1단계부터 6단계까지 단계별로 과정을 진행합니다.

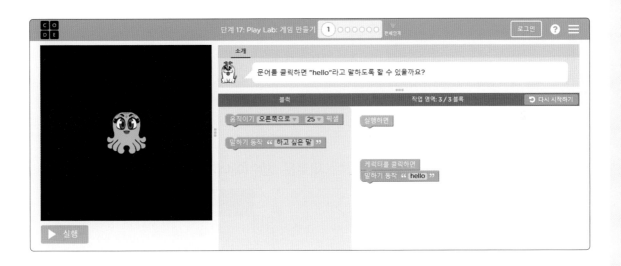

핵심포인트

[4단계] 핵심 블록 알아보기

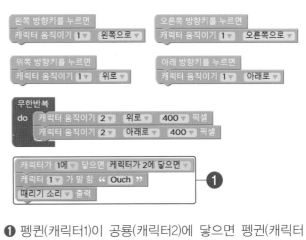

❶ 펭귄(캐릭터1)이 공룡(캐릭터2)에 닿으면 펭귄(캐릭터1)이 'Ouch'라고 말한 후 때리기 소리를 출력합니다.

1 '해파리피하기' 파일을 열고 [코드] 탭의 [변수] 팔레트를 클릭한 후 [변수 만들기]를 클릭하여 **새로운 변수 이름(점수)을 입력**한 다음 [확인]을 클릭합니다.

2 같은 방법으로 [변수 만들기]를 클릭하여 **새로운 변수(에너지)를 생성**합니다.

3 무대의 [코드] 탭에서 만들어진 변수에 기본값을 지정하기 위해 다음과 같이 **블록을 작성**합니다.

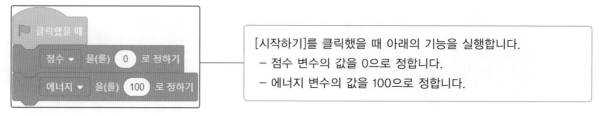

[시작하기]를 클릭했을 때 아래의 기능을 실행합니다.
– 점수 변수의 값을 0으로 정합니다.
– 에너지 변수의 값을 100으로 정합니다.

1 **물고기 스프라이트**의 [코드] 탭에서 점수의 증가 및 에너지의 감소를 다음과 같이 **블록을 작성**합니다.

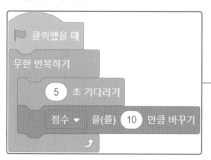

[시작하기]를 클릭했을 때 무한 반복하여 아래의 기능을 실행합니다.
- 5초를 기다렸다가 점수 변수에 10만큼 더합니다.

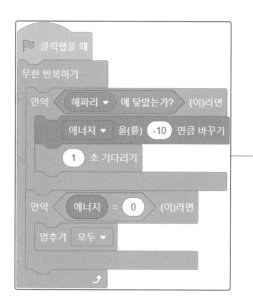

[시작하기]를 클릭했을 때 무한 반복하여 아래의 기능을 실행합니다.
- 만약 해파리에 닿았을 경우 에너지 변수의 값에서 10만큼 차감하고 1초를 기다립니다.
- 만약 에너지 값이 0이면 모두 멈추어 게임을 종료합니다.

2 방향키(←,→)를 이용하여 좌우로 움직임을 만들기 위해 다음과 같이 **블록을 작성**합니다.

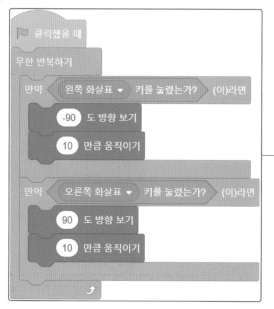

[시작하기]를 클릭했을 때 무한 반복하여 아래의 기능을 실행합니다.
- 만약 왼쪽 화살표 키를 눌렀을 경우 아래의 기능을 실행합니다.
  ·· −90˚ 방향을 봅니다.(왼쪽 방향)
  ·· 10만큼 움직입니다.
- 만약 오른쪽 화살표 키를 눌렀을 경우 아래의 기능을 실행합니다.
  ·· 90˚ 방향을 봅니다.(오른쪽 방향)
  ·· 10만큼 움직입니다.

제14장 · 올라오는 해파리 피하기 **89**

바닥에서 올라오는 해파리의 복제본 만들기

1 해파리 스프라이트의 [코드] 탭에서 임의의 시간에 해파리의 가장 아래쪽, 임의의 위치에서 해파리가 올라오도록 다음과 같이 **블록을 작성**합니다.

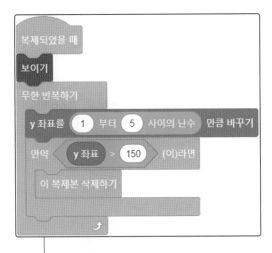

```
클릭했을 때
숨기기
무한 반복하기
    0.1 부터 0.5 사이의 난수 초 동안 x: -210 부터 210 사이의 난수 y: -200 (으)로 이동하기
    0.1 부터 0.5 사이의 난수 초 기다리기
    나 자신 ▾ 복제하기
```

[시작하기]를 클릭했을 때 모양을 숨기고 무한 반복하여 아래의 기능을 실행합니다.
- 0.1부터 0.5사이의 난수 초 동안 실행 창의 아래쪽 임의의 위치(x: −210부터 210사이의 난수, y: 200)로 이동합니다.
- 0.1부터 0.5사이의 난수 초 동안 기다립니다.
- 자신의 복제본을 만듭니다.

```
복제되었을 때
보이기
무한 반복하기
    y 좌표를 1 부터 5 사이의 난수 만큼 바꾸기
    만약  y 좌표 > 150  (이)라면
        이 복제본 삭제하기
```

복제되었을 때 모양을 보이고 무한 반복하여 아래의 기능을 실행합니다.
- y좌표를 1부터 5사이의 난수 만큼 바꾸어 해파리가 위로 올라가도록 만듭니다.
- 만약 y좌표가 150보다 크면 이 복제본을 삭제합니다.

2 ▶[시작하기] 클릭한 후 바닥에서 올라오는 해파리를 방향키를 이용하여 피하며, 시간 경과에 따른 점수 누적과 에너지가 0이 될 때에 게임이 종료되는지 확인합니다.

① '타이머해파리받기' 파일을 열고 다음과 같은 조건으로 바닥에서 올라오는 해파리를 60초 안에 많이 받는 게임을 만들어 보세요.

물고기 스프라이트

• [시작하기]를 클릭했을 때 타이머를 초기화하고 무한 반복하여 아래의 기능을 실행합니다.

    − 만약 타이머 값이 60보다 크면 모든 코드를 멈추어 게임을 종료합니다.

해파리 스프라이트

• 복제되었을 때 모양을 보이고 무한 반복하여 아래의 기능을 실행합니다.

    − y좌표를 1부터 5사이의 난수 만큼 바꾸어 해파리가 위로 올라가도록 만듭니다.

    − 만약 물고기에 닿았다면 점수 변수의 값을 10만큼 더하고 이 복제본을 삭제합니다.

    − 만약 y좌표가 150보다 크면 이 복제본을 삭제합니다.

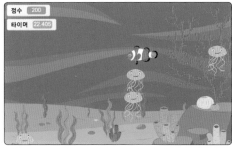

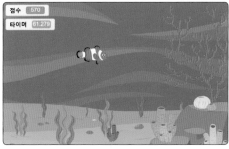

하늘에서 떨어지는 야구공 받기

● 아이템 모양에 따른 생명 연장 방법을 알아봅니다.
● 아이템 모양에 따른 추가 시간의 연장 방법을 알아봅니다.

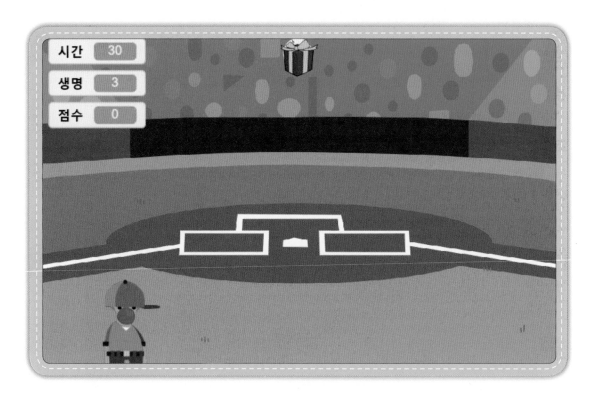

 놀이 규칙

• 하늘에서 떨어지는 야구공을 정해진 시간 동안 좌우 방향키를 이용하여 야구선수를 움직여 받는 게임이다.

• 떨어지는 아이템 중 농구공에 닿으면 생명이 차감되고 선물을 받으면 시간이 연장된 다.

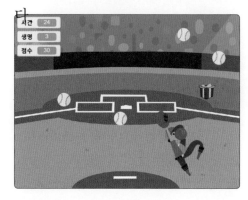

화가의 패턴 만들기

1. http://code.org의 [학생들]을 클릭합니다.
2. [과정3]을 클릭한 후 [21.화가:패턴]의 1단계를 클릭합니다.
3. 화면 위쪽 설명을 이해한 후 블록을 이용, 작업 영역에 코딩을 연결하여 실행해 봅니다.
4. 1단계부터 5단계까지 단계별로 과정을 진행합니다.

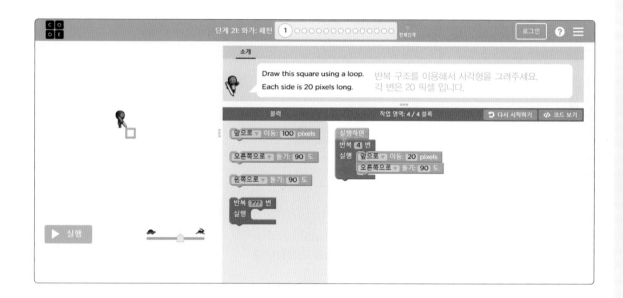

핵심포인트

[5단계] 핵심 블록 알아보기

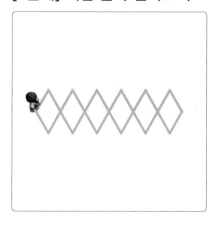

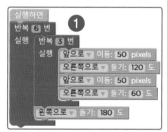

❶ 3회 반복하여 아래의 기능을 실행합니다.
  - 앞으로 50픽셀(pixels)을 이동합니다.
  - 오른쪽으로 120도 회전합니다.
  - 앞으로 50픽셀(pixels)을 이동합니다.
  - 오른쪽으로 60도 회전합니다.

1 '야구공받기' 파일을 열고 **변수를 확인**한 후 무대의 [코드] 탭에서 **변수의 기본값 설정**을 통해 게임이 종료하는 조건과 시간이 감소하는 블록 코딩을 확인합니다.

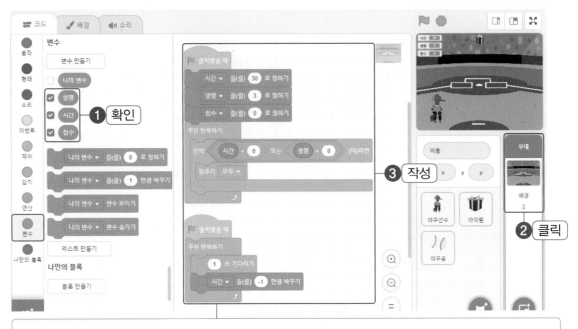

[시작하기]를 클릭했을 때 아래의 기능을 실행합니다.
– 시간 변수의 값을 30, 생명 변수의 값을 3, 점수 변수의 값을 0으로 정합니다.
– 무한 반복하여 아래의 기능을 실행합니다.
 ·· 만약 시간이 0이거나 생명이 0이면 모두 멈춥니다.
[시작하기]를 클릭했을 때 무한 반복하여 아래의 기능을 실행합니다.
– 1초 기다린 후 시간 변수의 값을 –1 만큼 바꿉니다.

2 **야구선수 스프라이트**의 **블록 코딩**을 통해 왼쪽 및 오른쪽 방향키에 따른 움직임과 야구공을 받았을 때의 점수 누적 방법을 **확인**합니다.

1 **아이템 스프라이트**의 [코드] 탭에서 하늘에서 선물과 농구공이 반복하여 떨어지면서 야구 선수가 농구공 모양에 닿았을 때 생명을 차감하고 선물에 닿았을 때 시간을 늘려주며, 생명 또는 시간이 0보다 작거나 같을 경우 게임이 종료되도록 **블록을 작성**합니다.

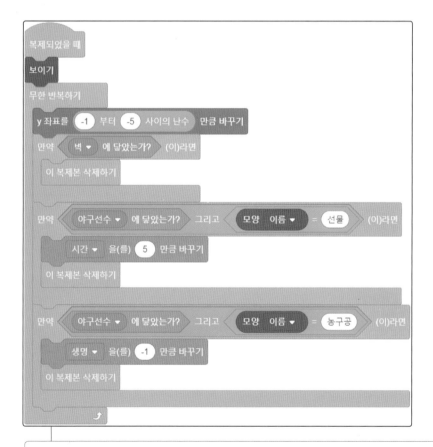

복제본 되었을 때 모양을 보이고 무한 반복하여 아래의 기능을 실행합니다.
 – y좌표를 −1부터 −5사이의 난수 만큼 바꾸어 아이템이 아래로 떨어지도록 만듭니다.
 – 만약 벽에 닿았을 경우 이 복제본을 삭제합니다.
 – 만약 야구선수에 닿은 상태에서 아이템의 모양 이름이 선물일 경우 시간 변수의 값을 5만큼 더하고 이 복제본을 삭제합니다.
 – 만약 야구선수에 닿은 상태에서 아이템의 모양 이름이 농구공일 경우 생명 변수의 값을 1만큼 차감하고 이 복제본을 삭제합니다.

1 **야구공 스프라이트**의 [코드] 탭에서 하늘에서 떨어지는 야구공과 야구선수 또는 벽에 닿았을 때 복제본이 삭제 되도록 **블록을 작성**합니다.

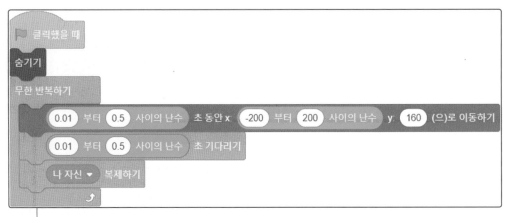

[시작하기]를 클릭했을 때 모양을 숨기고 무한 반복하여 아래의 기능을 실행합니다.
- 0.01부터 0.5사이의 난수 초 동안 위쪽 임의의 위치(x: −200부터 200사이의 난수, y: 160)로 이동합니다.
- 0.01부터 0.5사이의 난수 초 동안 기다립니다.
- 나 자신의 복제본을 만듭니다.

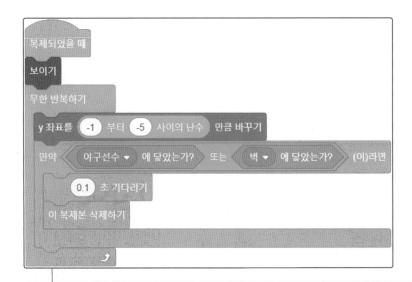

복제본이 처음 생성되었을 때 모양을 보이고 무한 반복하여 아래의 기능을 실행합니다.
- y좌표를 −1부터 −5사이의 난수 만큼 바꾸어 야구공이 아래로 내려가도록 만듭니다.
- 만약 야구선수에 닿거나 또는 벽에 닿았을 경우 0.1초를 기다렸다가 이 복제본을 삭제합니다.

2 **[시작하기]를 클릭**한 후 왼쪽 및 오른쪽 방향키를 이용하여 하늘에서 떨어지는 야구공을 받아 점수를 누적하는 게임을 시작합니다. 떨어지는 공 중에서 농구공에 닿았을 경우 생명이 차감되고 선물에 닿으면 시간이 연장되는지 확인합니다. 또한 시간이 종료되거나 생명 값이 0일 경우 게임이 종료되는지 확인합니다.

① '공받기' 파일을 열고 다음과 같은 조건으로 하늘에서 떨어지는 공을 받고 점수를 누적하는 게임을 만들어 보세요.

야구공 스프라이트 : 야구선수에 닿았을 때 점수를 5점씩 증가

- 복제 되었을 때 모양을 보이고 무한 반복하여 아래의 기능을 실행합니다.

  - y좌표를 −1부터 −5사이의 난수 만큼 바꾸어 야구공이 아래로 떨어지도록 만듭니다.

  - 만약 야구선수에 닿으면 점수 변수에 5만큼 더한 후 이 복제본을 삭제합니다.

  - 만약 아래쪽 벽에 닿으면 이 복제본을 삭제합니다.

테니스공 스프라이트 : 야구선수에 닿았을 때 점수를 10점씩 증가

- 복제 되었을 때 모양을 보이고 무한 반복하여 아래의 기능을 실행합니다.

  - y좌표를 −1부터 −5사이의 난수 만큼 바꾸어 야구공이 아래로 떨어지도록 만듭니다.

  - 만약 야구선수에 닿으면 점수 변수에 10만큼 더한 후 이 복제본을 삭제합니다.

  - 만약 아래쪽 벽에 닿으면 이 복제본을 삭제합니다.

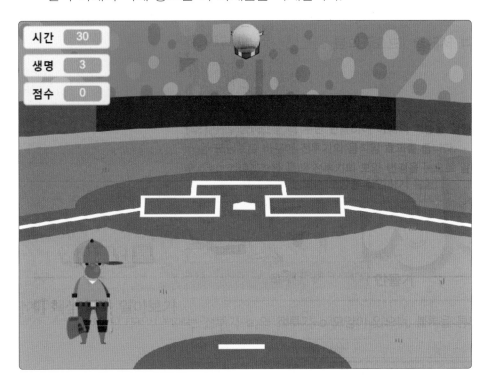

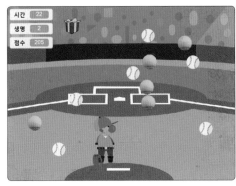

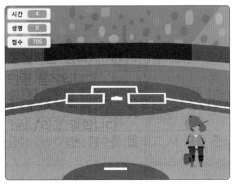

벽돌 깨기 게임 만들기

1. 여러분이 생각하는 벽돌 깨기 게임의 원리를 적어 보세요.

2. 벽돌 깨기 게임을 만들 때 필요한 구조를 생각해 보세요.

3. 벽돌 깨기 게임에 필요한 스프라이트를 생각해 보세요.

[샘플] 벽돌 깨기 게임 설계하기

- 벽돌 : 벽돌을 가로 및 세로 줄에 맞추어 벽돌을 복제하여 배치한다. 복제된 벽돌은 공에 닿았을 경우 점수를 누적하고 공을 반대 방향으로 튕긴 후 삭제한다.
- 막대 : 마우스 포인터를 이용하여 막대가 좌우 방향만 움직이도록 설계한다.
- 공 : 실행 창 안에서만 이동하며, 화면 끝에 닿으면 튕기도록 만든다. 막대에 닿았을 경우 공을 반대 방향으로 튕기고 아래쪽 벽이나 벽돌이 모두 삭제되어 만들어지는 최고 점수가 될 경우 게임을 종료한다.

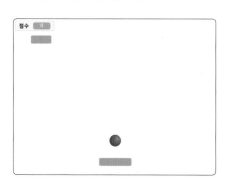
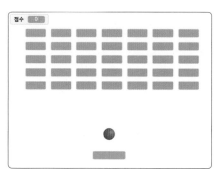
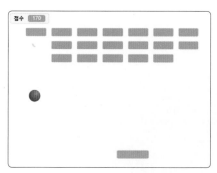
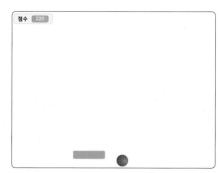

[샘플] 벽돌 깨기 게임 코딩하기

막대 스프라이트

• [시작하기]를 클릭했을 때 점수 변수의 값을 0으로 정하고 무한 반복하여 x좌표 위치(마우스 포인터의 x좌표)로 이동합니다.

공 스프라이트

• [시작하기]를 클릭했을 때 아래 기능을 실행합니다.

 − 공의 처음 위치(x: 0, y: −100)로 이동한 후 1초를 기다렸다가 무한 반복하여 아래의 기능을 실행합니다.

  ·· 벽에 닿으면 튕기고 5만큼 움직입니다.

  ·· 만약 막대에 닿았을 경우 튕기기 신호를 보냅니다.

  ·· 만약 아래쪽(y⟨−160)으로 내려가거나 점수 값이 350이면 모든 코드를 멈추어 게임을 종료합니다.

• [튕기기] 신호를 받았을 때 아래의 기능을 실행합니다.

 − 이동 방향을 (180−방향)으로 정합니다.

 − 오른쪽 방향으로 −60부터 60사이의 난수 만큼 회전합니다.

벽돌 스프라이트

• [시작하기]를 클릭했을 때 아래의 기능을 실행합니다.

 − 벽돌의 처음 위치(x: −170, y: 130)로 이동한 후 벽돌의 모양을 보입니다.

 − 5번 반복하여 아래의 기능을 실행합니다.

  ·· 7번 반복하여 아래의 기능을 실행합니다.

   ··· 자신의 복제본을 만들고 x자표를 60만큼 바꾸어 벽돌을 오른쪽으로 이동합니다.

  ·· y좌표를 −30만큼 바꾸어 벽돌을 아래쪽으로 내립니다.

  ·· 벽돌의 처음 위치(x: −170)로 이동합니다.

 − 벽돌의 모양을 숨깁니다.

• 복제본이 처음 생성되었을 때 아래의 기능을 실행합니다.

 − 공에 닿을때까지 기다립니다.

 − 점수 변수에 10만큼 더합니다.

 − [튕기기] 신호를 보내고 이 복제본을 삭제합니다.

나만의 블록을 이용한 도형 그리기

오늘의 놀이
● 나만의 블록의 정의에 대해 알아봅니다.
● 나만의 블록의 사용 방법을 알아봅니다.

놀이 규칙

• 키보드의 스페이스바(**SpaceBar**)를 누르면 연필이 마우스 포인터를 따라 다니고 키보드의 특정키(**1**/**2**)를 눌러 해당 중심점 위치를 기준으로 삼각형 또는 사각형 도형을 그린다.

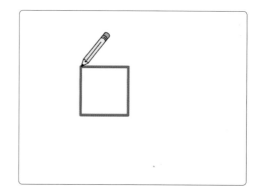

코딩 탐구

나만의 블록이란 무엇인가?

> 나만의 블록이란 반복적이고 복잡한 과정을 간단하게 정의하여 사용할 수 있도록 도와주는 기능입니다.
> 또한 프로그램을 간결하게 만들 수 있어 코딩 내용을 이해하는데도 도움이 됩니다.
> 나만의 블록은 필요한 명령어 블록들을 하나의 명령어로 묶어 반복되는 동작을 만드는데 편리합니다.

나만의 블록 만들기

• [코드] 탭에서 [나만의 블록] 팔레트를 클릭한 후 [블록 만들기]를 클릭한 다음 [블록 만들기] 대화상자가 나타나면 **블록 이름을 입력**하고 [확인] 단추를 클릭하면 나만의 블록이 만들어집니다.

• 작성된 나만의 블록에 **사용할 블록을 연결**하여 블록을 정의합니다.

나만의 블록을 이용한 도형 블록 만들기

1 '도형그리기' 파일을 열고 **연필 스프라이트**의 [코드] 탭에서 [나만의 블록] 팔레트의 **[블록 만들기]** 를 클릭합니다.

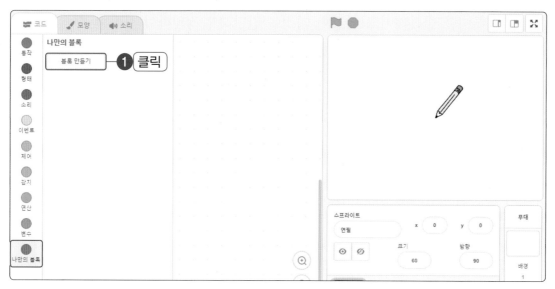

2 [블록 만들기] 대화상자가 나타나면 **블록 이름(사각형)을 입력**한 후 [확인] 단추를 클릭한 다음 같은 방법으로 **삼각형 블록을 작성**합니다.

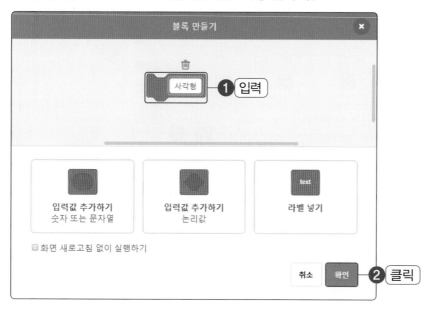

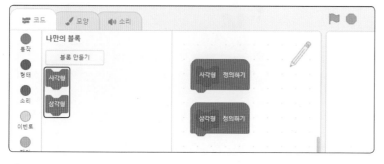

1 펜 도구를 추가하기 위해 ■[확장 기능 추가하기]를 클릭합니다.

2 [확장 기능 고르기] 대화상자가 나타나면 [펜]을 클릭합니다.

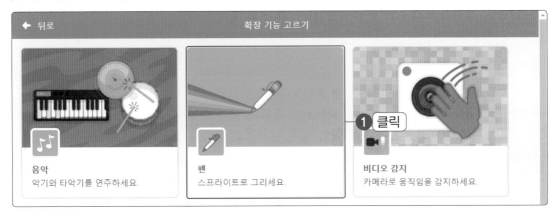

3 펜 도구가 추가되면 나만의 블록에 다음과 같이 사각형과 삼각형을 그리는 **블록을 작성**합니다.

1 **연필 스프라이트**의 [코드] 탭에서 특정키(①/②)를 눌렀을 때 도형이 그려지도록 **블록을 작성**합니다.

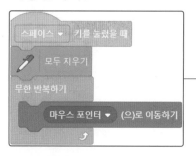

[스페이스] 키를 눌렀을 때 아래의 기능을 실행합니다.
– 펜으로 작성된 것을 모두 지웁니다.
– 무한 반복하여 마우스 포인터 위치로 이동합니다.

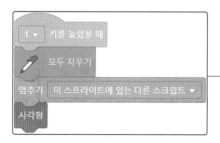

[1] 키를 눌렀을 때 아래의 기능을 실행합니다.
– 펜으로 작성된 것을 모두 지웁니다.
– 이 스프라이트에 있는 다른 스크립트를 모두 멈춥니다.
– 나만의 볼록(사각형)을 실행합니다.

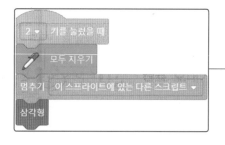

[2] 키를 눌렀을 때 아래의 기능을 실행합니다.
– 펜으로 작성된 것을 모두 지웁니다.
– 이 스프라이트에 있는 다른 스크립트를 모두 멈춥니다.
– 나만의 볼록(삼각형)을 실행합니다.

2 ▶[시작하기]를 클릭한 후 키보드의 SpaceBar 를 눌러 마우스 포인터를 따라다니는지, ①(사각형) 또는 ②(삼각형)를 눌러 원하는 도형이 입력한 굵기로 그려지는지 확인합니다.

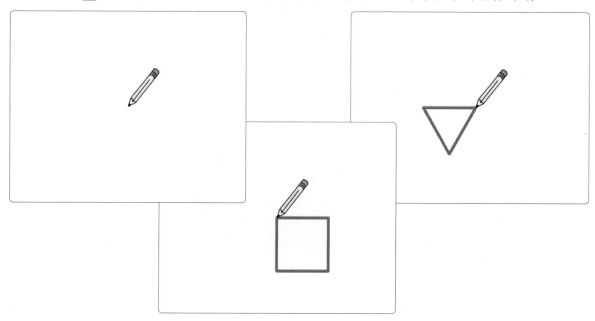

창의력 UPgrade

1 '정글' 파일을 열고 오른쪽 블록과 같이 사자의 움직임 코딩을 나만의 블록을 이용하여 간단하게 만들어 실행해 보세요.

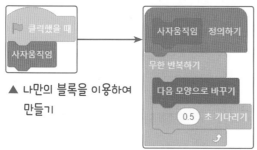

▲ 나만의 블록을 이용하여 만들기

2 '우주여행' 파일을 열고 나만의 블록을 이용하여 모양을 바꾸며 해당 방향으로 3만 큼 이동하도록 간단하게 만들어 실행해 보세요.

18 그리핀 비행기 만들기

오늘의
놀이
● 나만의 블록을 이용하여 그리핀의 날개짓을 만들어봅니다.
● 변수를 이용한 중력을 만들어봅니다.
● 특정키를 눌러 날개짓으로 비행하는 방법을 만들어봅니다.

 놀이 규칙

• [시작하기]를 클릭했을 때 중력에 의해 떨어지는 그리핀을 키보드의 스페이스 키를
눌러 위로 날아 오르도록 만든다.

• 그리핀이 실행 화면의 위쪽으로 올라가거나 떨어지면 게임이 종료된다.

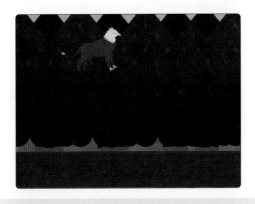 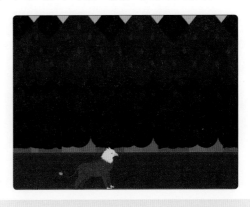

코딩 탐구

함수(나만의 블록)를 이용한 그림 그리기

1. http://code.org의 [학생들]을 클릭합니다.
2. [과정3]을 클릭한 후 [5.화가:함수]의 1단계를 클릭합니다.
3. 화면 위쪽 설명을 이해한 후 블록을 이용, 작업 영역에 코딩을 연결하여 실행해 봅니다.
4. 1단계부터 5단계까지 단계별로 과정을 진행합니다.

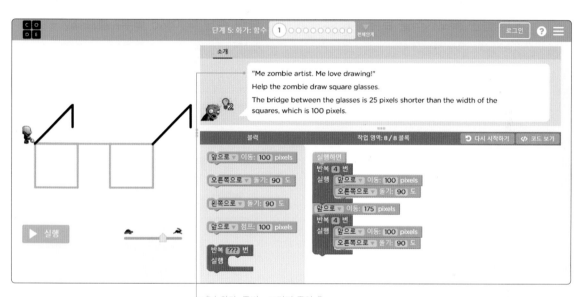

"나 화가, 좀비... 그리기 좋아..!"
사각형 안경을 그릴 수 있게 도와주세요.
안경 알 사이의 다리는 안경 한 변의 길이보다 25 픽셀 만큼 작습니다.

핵심포인트

[5단계] 핵심 블록 알아보기

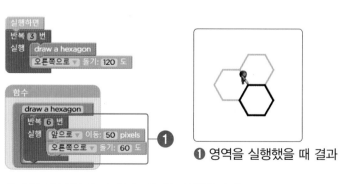

❶ 영역을 실행했을 때 결과

❶ 6회 반복하여 아래의 기능을 실행합니다.
- 앞으로 50픽셀(pixels)을 이동합니다.
- 오른쪽으로 60도 회전합니다.

1 '그리핀비행' 파일을 열고 [코드] 탭에서 **[변수] 팔레트를 클릭**한 후 **[변수 만들기]를 클릭,** 중력 변수를 생성하고 **선택 해제**합니다.

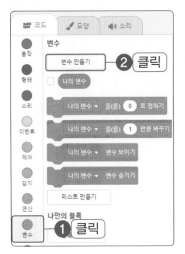
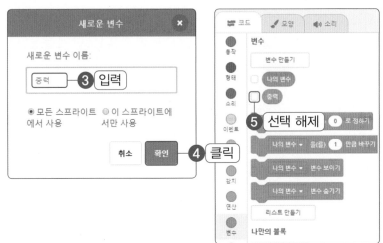

2 **숲속1 및 숲속2 스프라이트**에서 두 개의 배경을 서로 연결하여 [시작하기]를 클릭했을 때 배경이 오른쪽에서 왼쪽으로 계속해서 움직이도록 **블록을 작성**합니다.

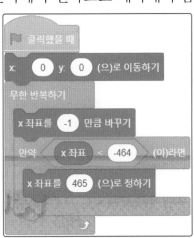

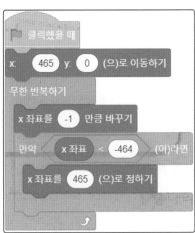

[시작하기]를 클릭했을 때 처음 위치로 이동한 후 무한 반복하여 아래의 기능을 실행합니다.
 – x좌표를 −1만큼 바꾸어 숲속1과 숲속2가 왼쪽으로 조금씩 이동합니다.
 – 만약 숲속1과 숲속2의 x좌표 값이 −464보다 작을 경우 숲속1과 숲속2가 왼쪽으로 완전히 이동되어 실행 화면에서 보이지 않게 되므로 다시 오른쪽 위치(x: 465)로 이동합니다.
 ※ 좌표로 이동할 수 있는 최대값이 ±465 이므로 ±464까지 지정해야 미만 또는 초과 연산식이 정상적으로 실행됩니다.

1 그리핀 스프라이트의 [코드] 탭에서 [나만의 블록] 팔레트에서 **[블록 만들기] 단추를 클릭**하여 **날기 블록을 만듭니다.**

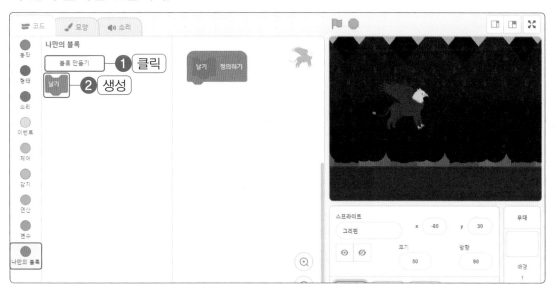

2 나만의 블록(날기)을 이용하여 그리핀 모양이 시간에 따라 움직이는 모양으로 바뀌도록 다음과 같이 **블록을 작성**합니다.

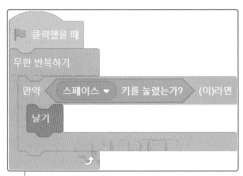

[시작하기]를 클릭했을 때 무한 반복하여 아래의 기능을 실행합니다.
– 만약 스페이스 키를 눌렀다면 나만의 블록(날기)을 실행합니다.

[날기]를 받았을 때 아래의 기능을 실행합니다.
– 모양을 Griffin-a로 바꾸고 0.1초 기다립니다.
– 모양을 Griffin-b로 바꾸고 0.1초 기다립니다.

1 그리핀 스프라이트의 [코드] 탭에서 중력값에 의해 떨어질 때, 특정(스페이스바)키를 눌러 날 개를 움직이며 올라가는 그리핀을 **블록으로 작성**합니다.

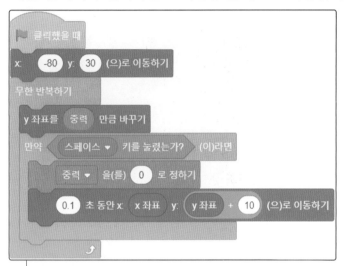

[시작하기]를 클릭했을 때 그리핀을 처음 위치로 이동한 후 무한 반복하여 아래의 기능을 실행합니다.
- y좌표를 중력 값만큼 바꾸어 조금씩 아래로 내려가도록 만듭니다.
- 만약 스페이스 키를 눌렀을 경우 중력 값을 0으로 정하고 0.1초 동안 그리핀을 약간 위쪽 위치(x: x좌표, y: 그 리핀의 y좌표+10)로 이동합니다.

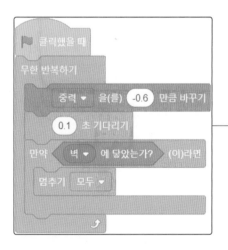

[시작하기]를 클릭했을 때 무한 반복하여 아래의 기능을 실행합니다.
- 중력 변수의 값에 −0.6만큼 차감합니다.
- 0.1초를 기다립니다.
- 만약 벽에 닿았을 경우 모든 코드를 멈추어 게임을 종료합니다.

2 ▶[시작하기]를 클릭한 후 중력에 의해 약간씩 떨어지는 그리핀이 키보드의 스페이스 키 를 눌렀을 때 날개짓과 함께 올라가는지 확인합니다.

① '블랙홀' 파일을 열고 아래의 조건에 따라 블랙홀을 탈출하는 우주선을 만들어 보세요.

나만의 블록 만들기(우주선의 움직임)

• 우주선1 모양으로 바꾼 후 0.1초를 기다렸다가 우주선2 모양으로 바꾸고 0.1초를 기다립니다.

우주선 스프라이트

• [시작하기]를 클릭했을 때 처음 위치로 이동한 후 무한 반복하여 아래의 기능을 실행합니다.
 – x좌표를 조석력 변수값 만큼 바꾸어 블랙홀이 끌어당기는 효과를 만듭니다.
 – 만약 스페이스 키를 눌렀을 경우 우주선움직임 블록을 실행합니다.

• [시작하기]를 클릭했을 때 모양을 보이고 무한 반복 아래의 기능을 실행합니다.
 – 조석력 변수의 값에 −2만큼 차감한 후 0.1초를 기다립니다.
 – 만약 x좌표가 −180보다 작으면 '살려줘~!!'를 1초 동안 말하고 모양을 숨긴 후 모든 코드를 멈추어 게임을 종료합니다.
 – 만약 x좌표가 180보다 크면 '탈출성공~!!'을 2초 동안 말하고 모든 코드를 멈추어 게임을 종료합니다.

• 스페이스 키를 클릭했을 때 아래의 기능을 실행합니다.
 – 조석력 변수의 값을 0으로 정합니다.
 – 0.1초 동안 우주선을 약간 오른쪽 위치(x: x좌표+10, y: y좌표)로 이동합니다.

19

박쥐의 숲속 탐험하기

오늘의 놀이
● 장애물 복제를 나만의 블록을 이용하여 만들어봅니다.
● 복제된 장애물의 움직임을 만들어봅니다.

🕹️ 놀이 규칙

• 오른쪽에서 왼쪽으로 계속 반복하여 만들어지는 장애물을 중력에 의해 떨어지는 박쥐를 키보드의 스페이스 키를 눌러 날개짓으로 날면서 장애물을 피한다.

• 장애물에 닿거나 위쪽 또는 아래쪽 벽에 닿으면 게임이 종료된다.

코딩 탐구

함수(나만의 블록)를 이용한 꿀벌의 꽃꿀 모으기

1. http://code.org의 [학생들]을 클릭합니다.
2. [과정3]을 클릭한 후 [6.꿀벌:함수]의 1단계를 클릭합니다.
3. 화면 위쪽 설명을 이해한 후 블록을 이용, 작업 영역에 코딩을 연결하여 실행해 봅니다.
4. 1단계부터 6단계까지 단계별로 과정을 진행합니다.

핵심포인트

[6단계] 핵심 블록 알아보기

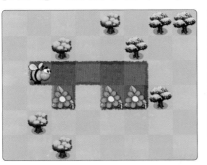

❶ 이동과 4개의 꽃꿀얻기 함수
- 오른쪽으로 회전합니다.
- 앞으로 이동합니다.
- 4회 반복하여 꽃꿀을 얻습니다.
- 뒤로 이동합니다.
- 왼쪽으로 회전합니다.

1 '숲탐험' 파일을 열고 **박쥐 스프라이트**의 [코드] 탭에서 중력에 의해 떨어지는 박쥐를 특정 (스페이스)키를 눌러 움직임과 함께 일정한 값만큼 위로 올라가도록 **블록을 작성**합니다.

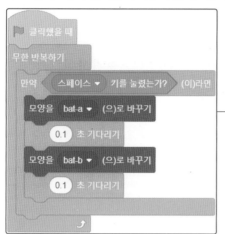

[시작하기]를 클릭했을 때 무한 반복하여 아래의 기능을 실행합니다.
– 만약 키보드의 스페이스 키를 눌렀을 경우 아래의 기능을 실행합니다.
　·· 박쥐의 모양을 bat-a 모양으로 바꾸고 0.1초를 기다립니다.
　·· 박쥐의 모양을 bat-b 모양으로 바꾸고 0.1초를 기다립니다.

[시작하기]를 클릭했을 때 무한 반복하여 아래의 기능을 실행합니다.
– y좌표를 중력값 만큼 바꾸어 조금씩 아래로 내려가도록 만듭니다.
– 만약 스페이스 키를 눌렀을 경우 중력 값을 0 으로 정하고 0.1초 동안 박쥐를 약간 위쪽 위 치(x:박쥐의 x좌표, y:박쥐의 y좌표+20)로 이 동합니다.

[시작하기]를 클릭했을 때 무한 반복하여 아래의 기능을 실행합니다.
– 중력 변수의 값에 −0.6만큼 차감합니다.
– 0.1초를 기다립니다.
– 만약 장애물에 닿았거나 또는 벽에 닿았을 경우 모든 코드를 멈추어 게임을 종료합니다.

Step 02 🔩 장애물 복제를 나만의 블록으로 만들기

1 장애물 스프라이트의 [코드] 탭에서 [나만의 블록]팔레트에서 **[블록 만들기]** 단추를 클릭하여 **장애물복제하기 블록을 만듭니다.**

2 나만의 블록(장애물복제하기)을 이용하여 무한 반복하여 임의의 시간마다 장애물이 복제되도록 다음과 같이 **블록을 작성**합니다.

[시작하기]를 클릭했을 때 무한 반복하여 아래의 기능을 실행합니다.
 – 모양을 숨기고 나만의 블록(장애물복제하기)을 실행합니다.

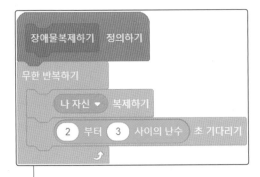

장애물복제하기 블록을 정의합니다.
 – 무한 반복하여 아래의 기능을 실행합니다.
   ‥ 나 자신을 복제합니다.
   ‥ 2부터 3 사이의 난수 초를 기다립니다.

1 **장애물 스프라이트**의 [코드] 탭에서 복제되었을 때 처음 위치로 이동한 후 모양을 보이고 무한 반복하여 조금씩 왼쪽으로 이동한 후 화면에서 안보이면 삭제되도록 **블록을 작성**합니다.

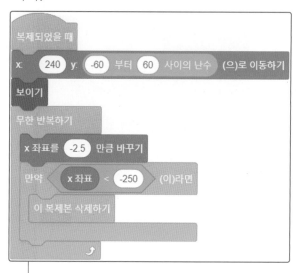

복제되었을 때 아래의 기능을 실행합니다.
- 장애물 복제본을 실행 화면의 가장 오른쪽 임의의 위치(x: 240, y: −60부터 60사이의 무작위 수)로 이동합니다.
- 장애물 복제본의 모양을 보입니다.
- 무한 반복하여 아래의 기능을 실행합니다.
  ·· x좌표를 −2.5만큼 차감하여 복제된 장애물이 왼쪽으로 조금씩 이동하도록 만듭니다.
  ·· 만약 장애물의 x좌표 값이 −250보다 작다면 왼쪽 실행 화면에서 벗어났으므로 이 복제본을 삭제합니다.

2 ⚑[시작하기]를 클릭한 후 키보드의 스페이스바 키를 눌러 박쥐의 날개짓으로 장애물 사이를 통과하는 게임을 실행해 봅니다. 또한 벽 또는 장애물에 닿았을 경우 게임이 종료되는지 확인합니다.

① '장애물통과' 파일을 열고 아래의 조건에 따라 장애물 및 상어의 블록을 추가하여 게임을 완성해 보세요.

나만의 블록 만들기(1초마다 [숫자값] 점씩 점수 주기)

• 무한 반복하여 1초 기다렸다가 점수 변수에 [숫자값] 만큼 더합니다.

상어 스프라이트

• [시작하기]를 클릭했을 때 중력 및 점수 변수의 값을 0으로 정한 후 나만의 블록으로 만든 1초 마다 ◯ 점씩 점수 주기 블록을 이용하여 1초마다 10점씩 점수를 누적합니다.

장애물 스프라이트

• [시작하기]를 클릭했을 때 모양을 숨긴 후 무한 반복하여 아래의 기능을 실행합니다.
  – 나 자신의 복제본을 만든 후 1부터 3사이의 난수 초 동안 기다립니다.

• 복제되었을 때 아래의 기능을 실행합니다.
  – 장애물 복제본을 실행 화면의 가장 오른쪽 임의의 위치(x: 240, y: −60부터 60사이의 난수)로 이동한 후 장애물 모양을 보입니다.
  – 계속 반복하여 아래의 기능을 실행합니다.
    ‥ x좌표를 −2.5만큼 차감하여 복제된 장애물이 왼쪽으로 조금씩 이동하도록 만듭니다.
    ‥ 만약 장애물의 x좌표 값이 −240보다 작다면 왼쪽 실행 화면에서 벗어났으므로 이 복제본을 삭제합니다.

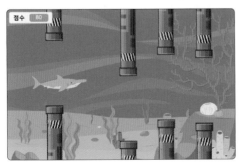

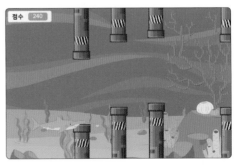

당구 게임 만들기

 오늘의 놀이
- 당구공을 중심으로 큐대의 움직임을 만들어봅니다.
- 모양 게이지를 이용한 힘의 크기를 만들어봅니다.

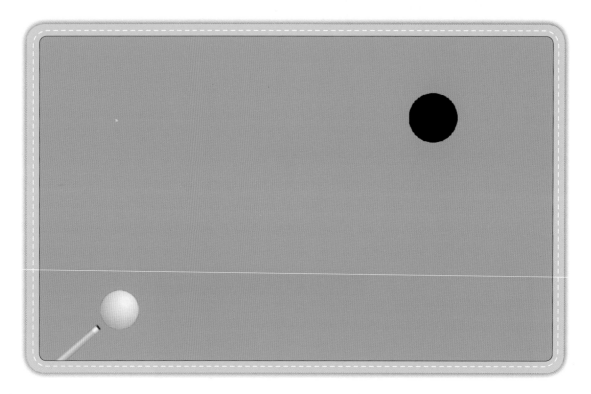

놀이 규칙

- 당구공을 이용하여 키보드의 방향키로 큐대를 움직여 홀 안에 당구공을 넣는 게임이다.
- 키보드의 스페이스 키를 눌러 큐대로 당구공을 때리며, 홀 안에 공을 넣을 수 있다. 이 때, 모양 게이지의 크기에 따라 힘의 세기가 결정되어 당구공이 움직인다.

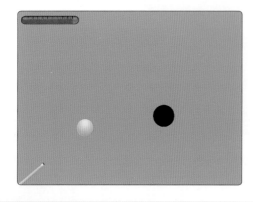 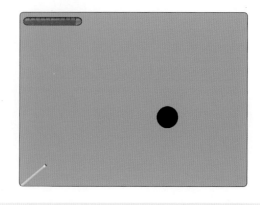

🏓 미로 통과하기

1. http://code.org의 [학생들]을 클릭합니다.
2. [과정4]를 클릭한 후 [2.미로와 꿀벌]의 1단계를 클릭합니다.
3. 화면 위쪽 설명을 이해한 후 블록을 이용, 작업 영역에 코딩을 연결하여 실행해 봅니다.
4. 1단계부터 9단계까지 단계별로 과정을 진행합니다.

핵심포인트

[9단계] 핵심 블록 알아보기

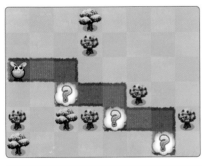

❶ 3회 반복하여 아래의 기능을 실행합니다.
　- 왼쪽으로 회전합니다.
　- 앞으로 이동합니다.
　- 앞으로 이동합니다.
　- 오른쪽으로 회전합니다.
　- 앞으로 이동합니다.
　- 만약 꽃이라면 꽃꿀을 얻고 그렇지 않으면 꿀 만들기를 실행합니다.

◀ 1회 반복했을 때까지의 결과

1 '당구게임' 파일을 열고 [코드] 탭에서 **[변수]** 팔레트를 클릭한 후 **[변수 만들기]**를 클릭, **방향 및 힘 변수**를 생성하고 **선택 해제**합니다.

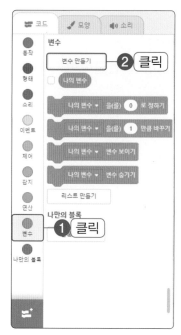 

2 **홀 스프라이트**의 [코드] 탭에서 [시작하기]를 클릭했을 때 실행 창의 특정 위치(x: −100부터 200사이의 난수, y: −100부터 150사이의 난수)로 이동하도록 **블록을 작성**합니다.

[시작하기]를 클릭했을 때 아래의 기능을 실행합니다.
 − 홀 스프라이트를 실행 창에서 임의의 위치(x: −100부터 200사이의 무작위 수, y: −100부터 150사이의 난수)로 이동합니다.

1 **큐대 스프라이트**의 [코드] 탭에서 왼쪽 및 오른쪽 방향키에 따른 방향 회전과 특정(스페이스)키를 눌렀을 때 큐대로 공을 타격하는 **블록을 작성**합니다.

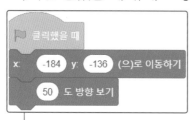

[시작하기]를 클릭했을 때 다음 기능을 실행합니다.
 – 큐대를 처음 위치(x: −184, y: −136)로 이동합니다.
 – 큐대의 방향을 50도로 지정합니다.

화살표(왼쪽/오른쪽)키를 눌렀을 때 해당 방향으로 2°만큼 회전(방향을 2°만큼 회전)합니다.

스페이스 키를 눌렀을 때 아래의 기능을 실행합니다.
 – 방향을 큐대의 방향으로 정합니다.
 – 10번 반복하여 −5만큼씩 움직입니다.
  (당구공을 기준으로 큐대를 뒤로 움직이는 동작)
 – 12번 반복하여 5만큼씩 움직입니다.
  (당구공을 기준으로 큐대를 앞으로 움직여 맞추는 동작)
 – −10만큼 움직입니다.
  (당구공을 맞춘 후 뒤로 약간 움직이는 동작)
 – 타격 신호를 보냅니다.

2 **게이지 스프라이트**의 [코드] 탭에서 [시작하기]를 클릭했을 때 게이지의 모양이 0.1초 단위로 계속 바뀌다가 특정 키를 눌렀을 때 게이지의 모양에 따른 값을 힘의 변수에 넣을 수 있도록 **블록을 작성**합니다.

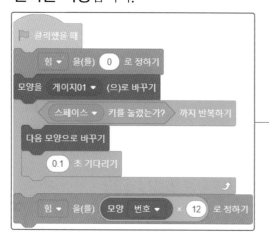

[시작하기]를 클릭했을 때 아래의 기능을 실행합니다.
 – 힘 변수의 값을 0으로 정합니다.
 – 게이지의 모양을 게이지01 모양으로 바꿉니다.
 – 스페이스 키를 누를 때까지 반복하여 게이지의 모양을 다음 모양으로 바꾸고 0.1초를 기다립니다.
 – 힘 변수의 값을 (게이지의 모양 번호 × 12)의 값으로 계산하여 넣습니다.

1 **공 스프라이트**의 [코드] 탭에서 [시작하기]를 클릭하면 공이 처음 위치로 이동하고 모양을 보입니다. 그런다음 타격 신호를 받았을 때 방향을 정하고 힘의 값만큼 반복하여 공이 이동하도록 **블록을 작성**합니다.

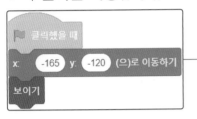

[시작하기]를 클릭했을 때 다음 기능을 실행합니다.
– 공을 처음 위치(x: −165, y: −120)로 이동하고 모양을 보입니다.

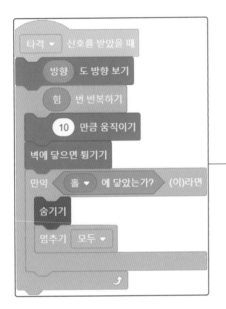

[타격] 신호를 받았을 때 아래의 기능을 실행합니다.
– 공의 방향을 방향 변수의 값으로 정합니다.
– 힘의 값만큼 반복하여 아래의 기능을 실행합니다.
·· 10만큼 움직이며, 화면 끝에 닿으면 튕깁니다.
·· 만약 홀에 닿았을 경우 모양을 숨기고 모든 코드를 멈추어 게임을 종료합니다.

2 ▶[시작하기]를 클릭한 후 왼쪽 및 오른쪽 방향키로 큐대를 움직여 공의 방향을 정하고 게이지의 모양 크기가 클 때 키보드의 스페이스 키를 눌러 공의 힘을 지정, 홀 안에 공을 넣어봅니다.

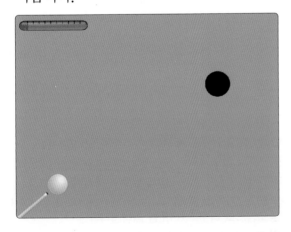
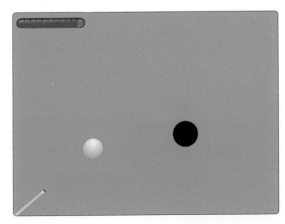

① '골프게임' 파일을 열고 퍼터를 이용하여 골프공을 홀 안으로 넣는 게임을 만들어 보세요.

홀 스프라이트

• [시작하기]를 클릭했을 때 홀을 실행 창에서 임의의 위치(x: −200부터 0사이의 난수, y: −120부터 120사이의 난수)로 이동합니다.

골프공 스프라이트

• [시작하기]를 클릭했을 때 처음 위치(x: 150, y: 0)로 이동 한 후 모양을 보입니다.

• [퍼팅] 신호를 받았을 때 아래의 기능을 실행합니다.

— 방향을 방향 변수의 값으로 정합니다.

— 힘의 값만큼 반복하여 아래의 기능을 실행합니다.

‥ 만약 벽 또는 홀에 닿았을 경우 공의 모양을 숨긴 후 모든 코드를 멈추어 게임을 종료합니다.

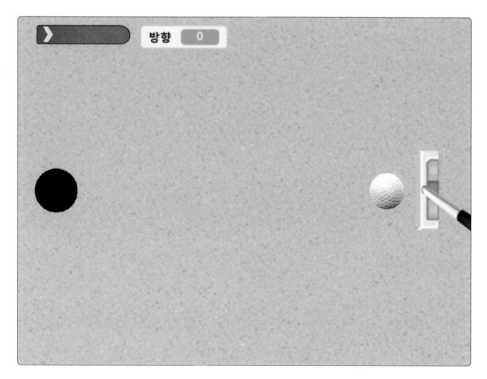

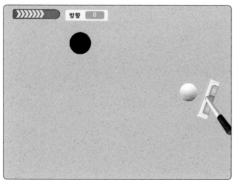

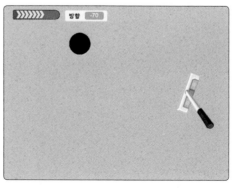

야구 게임 만들기

● 움직이는 스트라이크 존과 마우스를 따라 다니는 선수를 만들어봅니다.

● 야구공을 던져 스트라이크 존에 맞을 때 판정 방법을 알아봅니다.

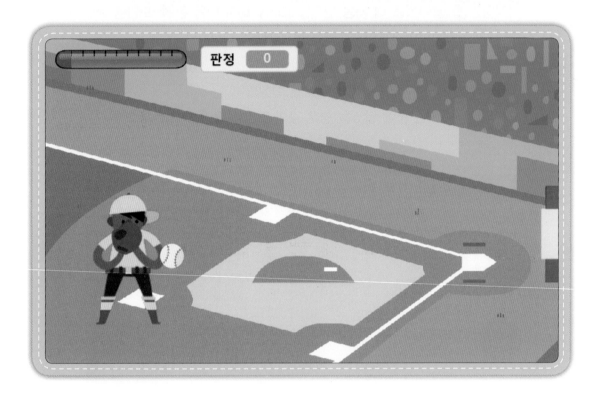

놀이 규칙

• 마우스를 따라 상하로 움직이는 야구선수가 공을 던져 스트라이크 존을 맞추는 게임이다.

• 키보드의 스페이스 키를 눌러 공을 던져 판정판을 맞출 수 있다. 이 때, 모양 게이지의 크기에 따라 힘의 세기가 결정되어 공이 움직인다.

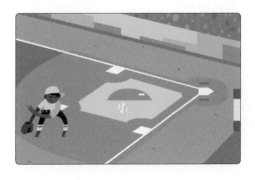

코딩 탐구

화가의 그림 그리기

1. http://code.org의 [학생들]을 클릭합니다.
2. [과정4]를 클릭한 후 [3.화가]의 1단계를 클릭합니다.
3. 화면 위쪽 설명을 이해한 후 블록을 이용, 작업 영역에 코딩을 연결하여 실행해 봅니다.
4. 1단계부터 5단계까지 단계별로 과정을 진행합니다.

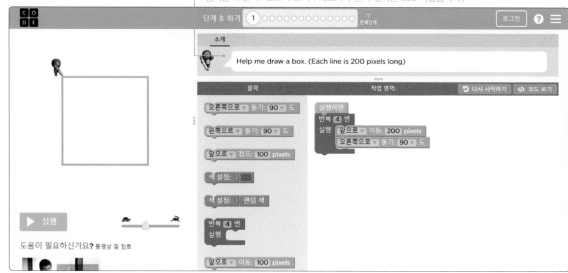

핵심포인트

[5단계] 핵심 블록 알아보기

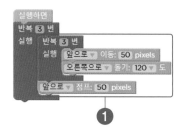

❶

❶ 영역을 실행했을 때 결과

❶ 3회 반복하여 아래의 기능을 실행합니다.
 – 앞으로 50픽셀(pixels)만큼 이동합니다.
 – 오른쪽으로 120도 회전합니다.
 앞으로 50픽셀(pixels)만큼 점프합니다.

1 '야구게임' 파일을 열고 [변수] 팔레트에서 **변수(판정, 힘)를 작성**한 후 **힘 변수는 실행 화면에서 숨기고 판정 변수를 실행 화면의 게이지 모양 옆에 위치하도록 배치**합니다.

2 **볼 스프라이트**의 [코드] 탭에서 [시작하기]를 클릭했을 때 볼 판정판이 실행 화면 오른쪽의 임의의 위치로 이동하도록 **블록을 작성**합니다.

[시작하기]를 클릭했을 때 아래의 기능을 실행합니다.
- 볼 판정판을 임의의 세로 위치(y좌표를 −80부터 80사이의 난수)로 이동합니다.

3 **스트라이크 스프라이트**의 [코드] 탭에서 [시작하기]를 클릭했을 때 스트라이크 판정판이 실행 화면 오른쪽의 임의의 위치로 이동하도록 **블록을 작성**합니다.

[시작하기]를 클릭했을 때 무한 반복하여 아래의 기능을 실행합니다.
- 스트라이크 스프라이트를 볼 스프라이트의 위치로 이동합니다.
(볼 스프라이트와 겹쳐 가운데 위치에 스트라이크, 바깥쪽 위치에 볼이 배치됨)

1 **게이지 스프라이트**의 [코드] 탭에서 [시작하기]를 클릭했을 때 반복해서 바뀌는 게이지의 모양에 따라 힘의 값을 만들어 지정하기 위해 다음과 같이 **블록을 작성**합니다.

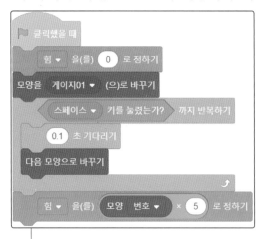

[시작하기]를 클릭했을 때 아래의 기능을 실행합니다.
– 힘 변수의 값을 0으로 정합니다.
– 게이지의 모양을 게이지01 모양으로 바꿉니다.
– 스페이스 키를 누를 때까지 반복하여 0.1초 기다렸다가 다음 모양으로 모양을 바꿉니다.
– 힘 변수의 값을 (모양 번호 × 5)의 값으로 계산하여 넣습니다.

2 **야구선수 스프라이트**의 [코드] 탭에서 [시작하기]를 클릭했을 때 반복하여 마우스 포인터의 y좌표를 따라 다니도록 **블록을 작성**합니다.

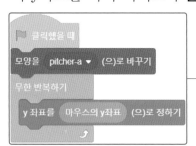

[시작하기]를 클릭하면 아래의 기능을 실행합니다.
– 모양을 pitcher-a로 바꾸고 무한 반복하여 아래 기능을 실행합니다.
·· 야구선수의 세로 위치(y: 마우스의 y좌표)를 이동합니다.

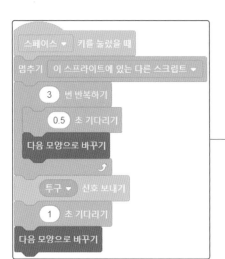

[스페이스] 키를 눌렀을 때 아래의 기능을 실행합니다.
– 이 스프라이트에 있는 다른 스크립트를 종료합니다.
– 3번 반복하여 아래 기능을 실행합니다.
·· 0.5초 기다린 후 다음 모양으로 바꿉니다.
– 투구 신호를 보내고 1초를 기다립니다.
– 야구선수 모양을 다음 모양으로 바꿉니다.
(야구선수가 공을 던진 이후 모양이 변경됩니다.)

1 **야구공 스프라이트**의 [코드] 탭에서 야구공이 마우스의 y좌표를 따라 다니다가 특정(스페이스)키를 누르면 마우스의 y좌표를 따라 다니지 않고 힘 변수의 값만큼 반복하여 이동 방향으로 이동, 스트라이크 존을 맞추는 **블록을 작성**합니다.

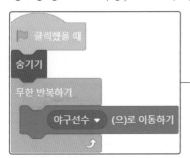

[시작하기]를 클릭했을 때 모양을 숨기고 무한 반복하여 아래 기능을 실행합니다.
 – 야구공이 야구선수 위치로 이동합니다.

투구 신호를 받았을 때 아래의 기능을 실행합니다.
 – 이 스프라이트에 있는 다른 스크립트를 멈춥니다.
 – 30만큼 움직인 후 모양을 보입니다.
  (야구공을 손에서 던지게 하기 위해 이동합니다.)
 – 힘의 값만큼 반복하여 아래의 기능을 실행합니다.
  ·· 10만큼 움직입니다.
  ·· 만약 스트라이크에 닿았을 경우 판정 변수의 값을 스트라이크로 정하고 모두 멈춥니다.
  ·· 만약 볼에 닿았을 경우 판정 변수의 값을 볼로 정하고 모두 멈춥니다.

2 ▶[시작하기]를 클릭한 후 마우스 포인터의 y좌표를 따라 다니는 야구선수와 야구공에서 게이지의 모양에 따라 특정키(스페이스바)를 눌러 해당 게지지 만큼의 힘으로 야구공을 투구, 스트라이크 존에 맞춰봅니다.

1 '컬링게임' 파일을 열고 아래의 조건에 따라 컬링 게임을 완성해 보세요.

방향 스프라이트

- 왼쪽 화살표키를 눌렀을 때 왼쪽 방향으로 2° 만큼 회전합니다.
- 오른쪽 화살표키를 눌렀을 때 오른쪽 방향으로 2° 만큼 회전합니다.
- 스페이스 키를 눌렀을 때 방향 변수에 방향-180의 방향 값을 넣습니다.

스톤 스프라이트

- [시작하기]를 눌렀을 때 처음 위치(x: 205, y: 0)로 이동합니다.
- 스페이스 키를 눌렀을 때 아래의 기능을 실행합니다.
  - 0.2초 기다렸다가 방향을 방향 변수의 값으로 정합니다.
  - 힘의 값만큼 반복하여 아래의 기능을 실행합니다.
    ·· 10만큼 움직입니다.
    ·· 만약 10점에 닿았을 경우 점수 변수의 값을 10으로 정합니다. 그렇지 않고 만약 9점에 닿았을 경우 점수 변수의 값을 9로 정합니다. 그렇지 않고 만약 8점에 닿았을 경우 점 수 변수의 값을 8로 정합니다. 모두 그렇지 않으면 점수 변수의 값을 0으로 정합니다.

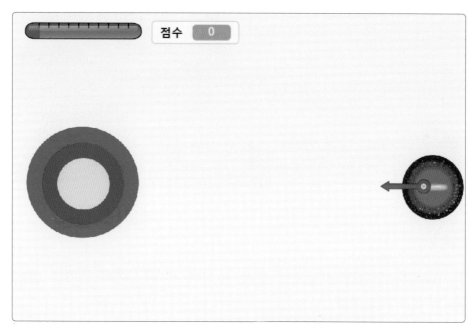

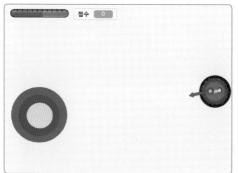

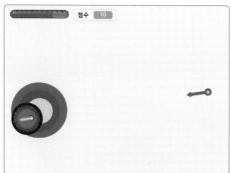

클레이사격 게임 만들기

오늘의
놀이
- 하늘로 던져지는 원판을 만드는 방법에 대해 알아봅니다.
- 총의 방향 회전 및 총알을 발사하는 방법을 알아봅니다.

놀이 규칙

- 하늘에서 지나가는 원판을 방향키로 총을 움직여 특정(스페이스)키를 눌러 총을 발사, 원판을 맞추는 게임이다.

- 총의 발사 개수는 관계 없이 원판이 지나갈 때 여러 발을 사용할 수 있다.

코딩 탐구

🖥️ 화가의 반복하여 그림 그리기

1. http://code.org의 [학생들]을 클릭합니다.
2. [과정4]를 클릭한 후 [10.화가:반복]의 1단계를 클릭합니다.
3. 화면 위쪽 설명을 이해한 후 블록을 이용, 작업 영역에 코딩을 연결하여 실행해 봅니다.
4. 1단계부터 5단계까지 단계별로 과정을 진행합니다.

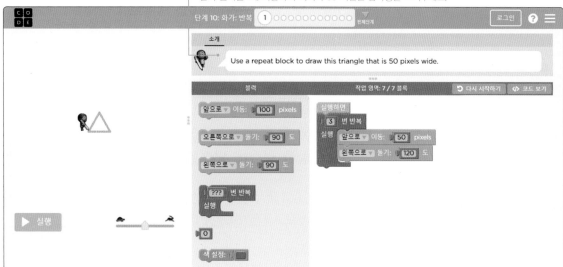

핵심포인트

[5단계] 핵심 블록 알아보기

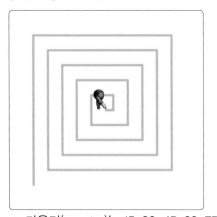

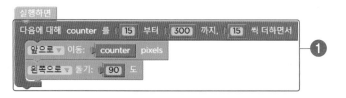

❶ 카운터(counter)를 15부터 300까지 15씩 더하면서 아래의 기능을 반복 실행합니다.
  - 앞으로 카운터(counter) 픽셀(pixels)만큼 이동합니다.
  - 왼쪽으로 90도 회전합니다.

▲ 카운터(counter)는 15, 30, 45, 60, 75...순으로 15만큼씩 더하면서 300이 될 때까지 반복합니다.

1 '클레이사격' 파일을 열고 [변수] 팔레트에서 **변수(방향)를 생성**한 후 실행 화면에서 숨깁니다.

2 **사격총 스프라이트**의 [코드] 탭에서 왼쪽 및 오른쪽 화살표키에 따른 방향 회전과 스페이스 키를 눌렀을 때 사격총의 방향값을 방향 변수에 넣은 후 신호를 보내기 위한 **블록을 작성**합니다.

[시작하기]를 클릭했을 때 무한 반복하여 아래의 기능을 실행합니다.
 – 만약 왼쪽 화살표키를 눌렀을 경우 왼쪽 방향으로 3°만큼(방향을 3° 만큼 회전) 회전합니다.
 – 만약 오른쪽 화살표키를 눌렀을 경우 오른쪽 방향으로 3°만큼(방향을 3° 만큼 회전) 회전합니다.

스페이스 키를 눌렀을 때 아래의 기능을 실행합니다.
 – 방향 변수의 값을 총의 방향–90으로 정합니다.
 – [사격] 신호를 보냅니다.

1 **원판 스프라이트**의 [코드] 탭에서 원판의 움직임 및 총알에 맞았을 때의 모양 변경 등의 **블록을 작성**합니다.

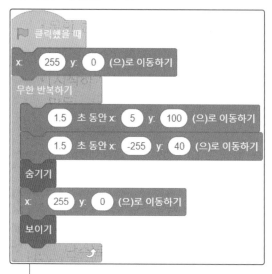

[시작하기]를 클릭했을 때 처음 위치(x: 255, y: 0)로 이동한 후 무한 반복하여 아래의 기능을 실행합니다.
- 1.5초 동안 실행 화면의 가운데 위쪽 위치(x: 5, y: 100)로 이동합니다.
- 1.5초 동안 실행 화면의 왼쪽 위치(x: -255, y: 40)로 이동합니다.
- 모양을 숨겼다가 원판을 처음에 있던 오른쪽 위치(x: 255, y: 0)로 이동합니다.
- 원판의 모양을 보입니다.

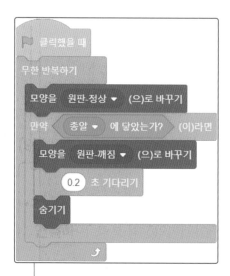

[시작하기]를 클릭했을 때 무한 반복하여 아래의 기능을 실행합니다.
- 원판의 모양을 원판-정상 모양으로 바꿉니다.
- 만약 원판이 총알에 닿았을 경우 원판의 모양을 원판-깨짐 모양으로 바꾼 후 0.2초 기다렸다가 모양을 숨깁니다.

1 **총알 스프라이트**의 [코드] 탭에서 사격 신호를 받았을 때 총의 방향과 같은 방향으로 총알이 발사되며, 벽에 닿으면 다시 총의 위치로 돌아오도록 **블록을 작성**합니다.

[시작하기]를 클릭했을 때 총알의 모양을 숨깁니다.

[사격] 신호를 받았을 때 아래의 기능을 실행합니다.
– 총알의 모양을 보입니다.
– 방향을 방향 변수의 값으로 정합니다.
– 무한 반복하여 아래의 기능을 실행합니다.
·· 이동 방향으로 10만큼 움직입니다.
·· 만약 벽에 닿았을 경우 모양을 숨기고 총의 위치로 이동한 후 이 스크립트를 멈춥니다.

2 🏴[시작하기]를 클릭한 후 왼쪽 및 오른쪽 방향키를 이용하여 총을 움직이고 스페이스 키를 눌러 총알을 발사, 원판을 맞추는 게임을 시작해 봅니다.

창의력 UP grade

① '딸기사격' 파일을 열고 아래의 조건에 따라 사격 게임을 만들어 보세요.

딸기 스프라이트

- [시작하기]를 클릭했을 때 처음 위치(x: −240, y: 0)로 이동한 후 무한 반복하여 아래의 기능을 실행합니다.
  - 1부터 1.5사이의 난수 초 동안 실행 화면의 가운데 위쪽 위치(x: 5, y: 100)로 이동합니다.
  - 1부터 1.5사이의 난수 초 동안 실행 화면의 오른쪽 위치(x: 240, y: 40)로 이동합니다.
  - 모양을 숨겼다가 딸기를 처음에 있던 왼쪽 위치(x: −240, y: 0)로 이동합니다.
  - 딸기의 모양을 보입니다.

- [시작하기]를 클릭했을 때 무한 반복하여 아래의 기능을 실행합니다.
  - 딸기의 모양을 딸기−정상 모양으로 바꿉니다.
  - 만약 딸기가 총알에 닿았을 경우 딸기의 모양을 딸기−깨짐 모양으로 바꾼 후 0.2초 기다렸다가 모양을 숨깁니다.

23 사격 점수 올리기 게임 만들기

오늘의
놀이

- 목표물을 맞출 때의 점수 누적 방법을 알아봅니다.
- 타이머를 이용한 게임 시간의 설정 방법을 알아봅니다.

놀이 규칙

- 타이머를 이용하여 60초 시간 동안 원판 및 딸기 목표물을 맞춰 점수를 누적하는 게임이다.

- 원판을 맞추면 10점, 딸기를 맞추면 50점씩 누적되며 60초가 경과되면 게임이 종료된다.

코딩 탐구

🔵 반복하여 숫자 카운터하기

1. http://code.org의 [학생들]을 클릭합니다.
2. [과정4]를 클릭한 후 [11.Play Lab:반복]의 1단계를 클릭합니다.
3. 화면 위쪽 설명을 이해한 후 블록을 이용, 작업 영역에 코딩을 연결하여 실행해 봅니다.
4. 1단계부터 3단계까지 단계별로 과정을 진행합니다.

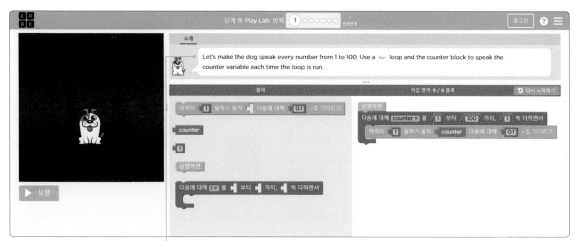

강아지가 1부터 100까지 모든 자연수를 말하도록 해보세요. 1개의 반복 구조와 카운터 블록을 이용해서, 한 번 실행될 때마다 카운터 값을 말하도록 하면 됩니다.

 핵심포인트

[3단계] 핵심 블록 알아보기

❶ 실행하면
다음에 대해 counter ▼ 를 [10] 부터 [1000] 까지, [10] 씩 더하면서
캐릭터 [1] 말하기 동작 counter 다음에 대해 [0.1] ~초 기다리기

❶ 카운터(counter)를 10부터 1000까지 10씩 더하면서 아래의 기능을 반복 실행합니다.
  – 캐릭터1이 말하기 동작으로 카운터(counter) 값을 말한 후 0.1초를 기다립니다.

▲ 캐릭터1이 10부터 1000까지 10만큼씩 0.1초 속도로 말합니다.

1 '사격게임' 파일을 열고 [감지] 팔레트에서 **타어머를 선택**한 후 [변수] 팔레트에서 **변수(점수, 방향)를 확인**합니다.

2 **사격총 스프라이트**의 [코드] 탭에서 타이머를 이용하여 60초가 경과되면 게임이 종료되도록 다음과 같이 **블록을 작성**합니다.

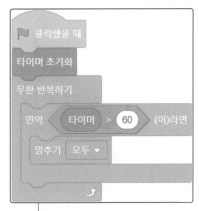

[시작하기]를 클릭했을 때 아래의 기능을 실행합니다.
- 타이머를 초기화합니다.
- 무한 반복하여 아래의 기능을 실행합니다.
  ·· 만약 타이머의 값이 60 초과일 경우 모두 멈추어 게임을 종료합니다.

1 **딸기 스프라이트**의 [코드] 탭에서 [시작하기]를 클릭했을 때 딸기의 움직임 및 총알에 맞았을 때의 모양 변경과 점수 누적을 **블록으로** 작성합니다.

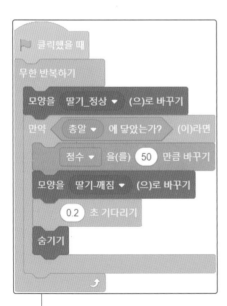

```
🏴 클릭했을 때
x  -240  y:  0  (으)로 이동하기
무한 반복하기
    1  부터  1.5  사이의 난수  초 동안 x  5  y  100  (으)로 이동하기
    1  부터  1.5  사이의 난수  초 동안 x  240  y  40  (으)로 이동하기
숨기기
x  -240  y:  0  (으)로 이동하기
보이기
```

> [시작하기]를 클릭했을 때 처음 위치(x: −240, y: 0)로 이동한 후 계속 반복하여 아래의 기능을 실행합니다.
> – 1부터 1.5사이의 난수 초 동안 실행 화면의 가운데 위쪽 위치(x: 5, y: 100)로 이동합니다.
> – 1부터 1.5사이의 난수 초 동안 실행 화면의 오른쪽 위치(x: 240, y: 40)로 이동합니다.
> – 모양을 숨겼다가 딸기를 처음에 있던 왼쪽 위치(x: −240, y: 0)로 이동합니다.
> – 딸기의 모양을 보입니다.

```
🏴 클릭했을 때
무한 반복하기
    모양을  딸기_정상 ▼  (으)로 바꾸기
    만약  총알 ▼  에 닿았는가?  (이)라면
        점수 ▼  을(를)  50  만큼 바꾸기
        모양을  딸기-깨짐 ▼  (으)로 바꾸기
        0.2  초 기다리기
    숨기기
```

> [시작하기]를 클릭했을 때 무한 반복하여 아래의 기능을 실행합니다.
> – 딸기의 모양을 딸기-정상 모양으로 바꿉니다.
> – 만약 딸기가 총알에 닿았을 경우 점수에 50을 더하고 딸기의 모양을 딸기-깨짐 모양으로 바꾼 후 0.2초 기다렸다가 모양을 숨깁니다.

1 **원판 스프라이트**의 [코드] 탭에서 [시작하기]를 클릭했을 때 원판의 움직임 및 총알에 맞았을 때의 모양 변경과 점수 누적을 **블록으로 코딩**합니다.

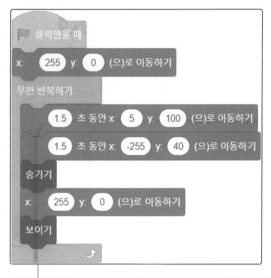

[시작하기]를 클릭했을 때 처음 위치(x: 255, y: 0)로 이동한 후 무한 반복하여 아래의 기능을 실행합니다.
- 1.5초 동안 원판을 실행 화면의 가운데 위쪽 위치(x: 5, y: 100)로 이동합니다.
- 1.5초 동안 원판을 실행 화면의 왼쪽 위치(x: −255, y: 40)로 이동합니다.
- 원판의 모양을 숨긴 후 실행 화면의 처음 위치(x: 255, y: 0)로 이동한 다음 원판 모양을 보입니다.

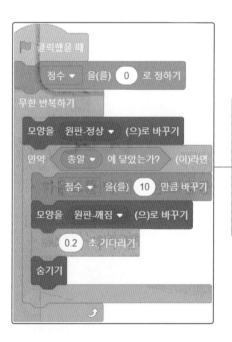

[시작하기]를 클릭했을 때 아래의 기능을 실행합니다.
- 점수 변수의 값을 0으로 정한 후 무한 반복하여 아래의 기능을 실행합니다.
  ·· 원판의 모양을 원판–정상 모양으로 바꿉니다.
  ·· 만약 총알에 닿았을 경우 점수에 10을 더하고 원판의 모양을 원판–깨짐 모양으로 바꾼 다음 0.2초를 기다렸다가 원판 모양을 숨깁니다.

2 [시작하기]를 **클릭**한 후 60초 동안 총알을 발사하여 원판 및 딸기를 맞추는 사격 게임을 실행합니다.

1 '제한사격' 파일을 열고 아래의 조건에 따라 사격 게임을 만들어 보세요.

변수 만들기(횟수)

• 횟수 변수를 생성하고 변수 보이기를 통해 실행 화면의 점수 위에 배치합니다.

총알 스프라이트

• [시작하기]를 클릭했을 때 아래의 기능을 실행합니다.

　– 횟수 변수의 값을 20으로 정하고 총알 모양을 숨깁니다.

• [사격] 신호를 받았을 때 아래의 기능을 실행합니다.

　– 방향을 방향 변수의 값으로 정합니다.

　– 만약 횟수가 0이면 모두 멈추어 게임을 종료합니다.

　– 무한 반복하여 아래의 기능을 실행합니다.

　　·· 10만큼 움직입니다.

　　·· 만약 벽에 닿았을 경우 아래의 기능을 실행합니다.

　　　··· 총알의 모양을 숨기고 횟수 변수의 값에 1만큼 차감합니다.

　　　··· 총알을 처음 위치(x: 0, y: −165)로 이동한 후 이 스크립트를 멈춥니다.

로켓 발사하기

로켓 발사하기

아래 보이는 실행 장면과 같이 자동으로 크기가 변경되는 게이지의 모양에 따라 게이지의 크기가 클 때 특정(스페이스)키를 눌러 해당 힘에 따라 로켓이 발사되거나 그렇지 않고 실패하는 게임 프로그램을 만들려고 합니다.

◀ 힘 게이지가 8 이하의 크기에서 로켓을 발사하여 실패하는 장면

◀ 힘 게이지가 8을 초과하는 크기에서 로켓을 발사하여 성공하는 장면

[샘플] 로켓 발사하기 게임 코딩하기

나만의 블록 만들기

- 성공 정의하기(만들기)

  - 로켓의 모양을 로켓-2 모양으로 바꾼 후 0.5초 기다렸다가 로켓-3 모양으로 바꿉니다.

  - 1초 동안 실행 화면 위쪽 위치(x: 0, y: 190)로 이동한 후 모양을 숨깁니다.

- 실패 정의하기(만들기)

  - 로켓의 모양을 로켓-2 모양으로 바꾼 후 0.5초 기다렸다가 로켓-3 모양으로 바꿉니다.

  - 1초 동안 실행 화면의 약간 위쪽 위치(x: 0, y: 60)로 이동합니다.

  - 방향을 -90°를 보고 모양을 로켓-1 모양으로 바꿉니다.

  - 1초 동안 실행 화면의 아래쪽 위치(x: 0, y: -190)으로 이동한 후 모양을 숨깁니다.

로켓 스프라이트

- [시작하기]를 클릭했을 때 아래의 기능을 실행합니다.

  - 로켓의 모양을 보이고 방향을 90°도를 봅니다.

  - 로켓의 발사 전 위치(x: 0, y: -100)로 이동합니다.

- 스페이스 키를 눌렀을 때 아래의 기능을 실행합니다.

  - 로켓의 모양을 로켓-1 모양으로 바꾸고 0.5초를 기다립니다.

  - 만약 힘의 값이 8보다 클 경우 성공 블록을 실행하고 그렇지 않으면 실패 블록을 실행합니다.

  - 1초를 기다렸다가 처음부터 다시 실행합니다.

게이지 스프라이트

- [시작하기]를 클릭했을 때 아래의 기능을 실행합니다.

  - 힘 변수의 값을 0으로 정합니다.

  - 게이지 모양을 게이지01 모양으로 바꿉니다.

  - 스페이스 키를 누를 때까지 모양을 다음 모양으로 바꾸고 0.1초 기다리기를 반복합니다.

  - 힘 변수의 값을 게이지의 모양 번호로 정합니다.

유명인사들이 주목하는 코딩교육

컴퓨터 과학을 배우는 것은 우리 나라의 미래를 위해 중요한 일입니다.

오바마 미국 대통령

모든 사람들이 코딩을 배워야 합니다. 코딩은 생각하는 법을 가르쳐 주기 때문입니다.

스티브 잡스

컴퓨터 프로그래밍은 사고의 범위를 넓혀주고 더 나은 생각을 할 수 있게 하며 분야와 상관없이 모든 문제에 새로운 해결책을 생각할 수 있는 힘을 길러줍니다.

빌게이츠

앞으로 15년안에 우리는 읽고, 쓰는 것처럼 프로그래밍을 가르치게 될 것입니다. 그리고 이걸 왜 이제야 시작했는지 후회하게 되겠죠.

마크 저커버그